創造する対話力

多文化共生社会の航海術

Kawamura Chizuko
川村　千鶴子 著

税務経理協会

はしがき

人はホモ・ロクエンス（ことばを使う存在）として社会に生まれ落ちる。

生きるということは、他者の存在を認識し、対話することである。

対話するということは、ことばによって自らのこころの扉を開くことだ。

他者という環境と共に生きることによって自己と向き合い、自己を認識し、自己の環境を創造する。それは自己の環境を文化の存在として認識することにもなる。ことばは、「現実」を共有し、多様なこころとこころを伝え合い、新しい関係性を結び、人間環境を創造する道具となったとき、ひときわその輝きを増してくれる。

市民としての自立、人の移動と文化摩擦、多文化・多民族問題、そして地球環境に照射する時代に、私達はどのような対話力を身につけていけばよいのだろう。

好むと好まざるとにかかわらず私達は多様な言語が行き交う多元価値社会に対面し、異なる価値観をもつ他者を理解し、摩擦を体験し、時には挫折を味わいながらこころを開き、葛藤を乗り越えて、共生社会を創造しようとしている。

共に生きるということは摩擦や葛藤を回避せず、こころからの勇気ある対話をすることである。たとえ流暢な発話でなくとも、こころからの対話の蓄積はいつしか信頼を生み出し、相互理解は喜びを伴い、出会いは祝福に包まれる。その瞬間、人はそれまで経験しなかった明るいエネルギーを獲得できる。

そのエネルギーこそが、民族や国籍、障害の有無や性差や社会階層、貧富の差、年齢、宗教や価値観の相違、思考スタイルの違いなど、あらゆる次元の多様性を乗り越えて、共に生きる力となり、人間環境を「創造する対話力」となる。

しかしながら、多様な固有の文化を尊重し、多元的な価値をもつ人々が宗教や言語を異にしながらも共存する社会とは、ユートピアに過ぎないと思う人が増えている。確かに多文化社会とは、地球が抱える難問を内包してしまうし、多文化主義は多くの矛盾をはらみ、決して平坦な道程ではないことを歴史が実証してきた。

まして社会が閉塞状態にあり、経済が無惨に停滞し、教育は混迷するばかりであり、日本人口は激減すると推測されている。このように先が見えない不安の中で日本が自信を取り戻すには、民族文化を誇り、ともすると自民族中心主義こそが日本を救う道だと考える人もいる。

そういった時代の転換期にあって、本書は、「二一世紀とは、誰もがお互いの差異を認め、人権重視の市民意識をもって多様性を祝福する時代である」ということを認識することによって、平和な日本を創造することができるのだということを提唱したい。さらに、市民とはどのような責任を担っているのかを確認し合いたい。

また、人は生得的にいくつもの多様な知能をもち、多様な文化という衣を幾重にも纏《まと》いながら成長することにより、感性豊かな人格を形成することができる。文化という衣はことばを編み込んだ織物からできている。上質なことばの衣は、肌ざわりがよくあたたかい。しかしことばは、その文脈によっては差別にも凶器にもなる。そこで、ことばに敬意を払い、対話を通して自己を磨き、「創造する対話力」を身につけていけば、文化的多様性をプラスに捉え、トランスカルチュラリズムの息づく時代をたくましく生きることができるのではないだろうか。

本書は、多様性という大海原を読者と共に航海し、その航海術を学びながら、多文化共生社会の到来を認識し、多文化主義の本質に迫ろうとするものである。

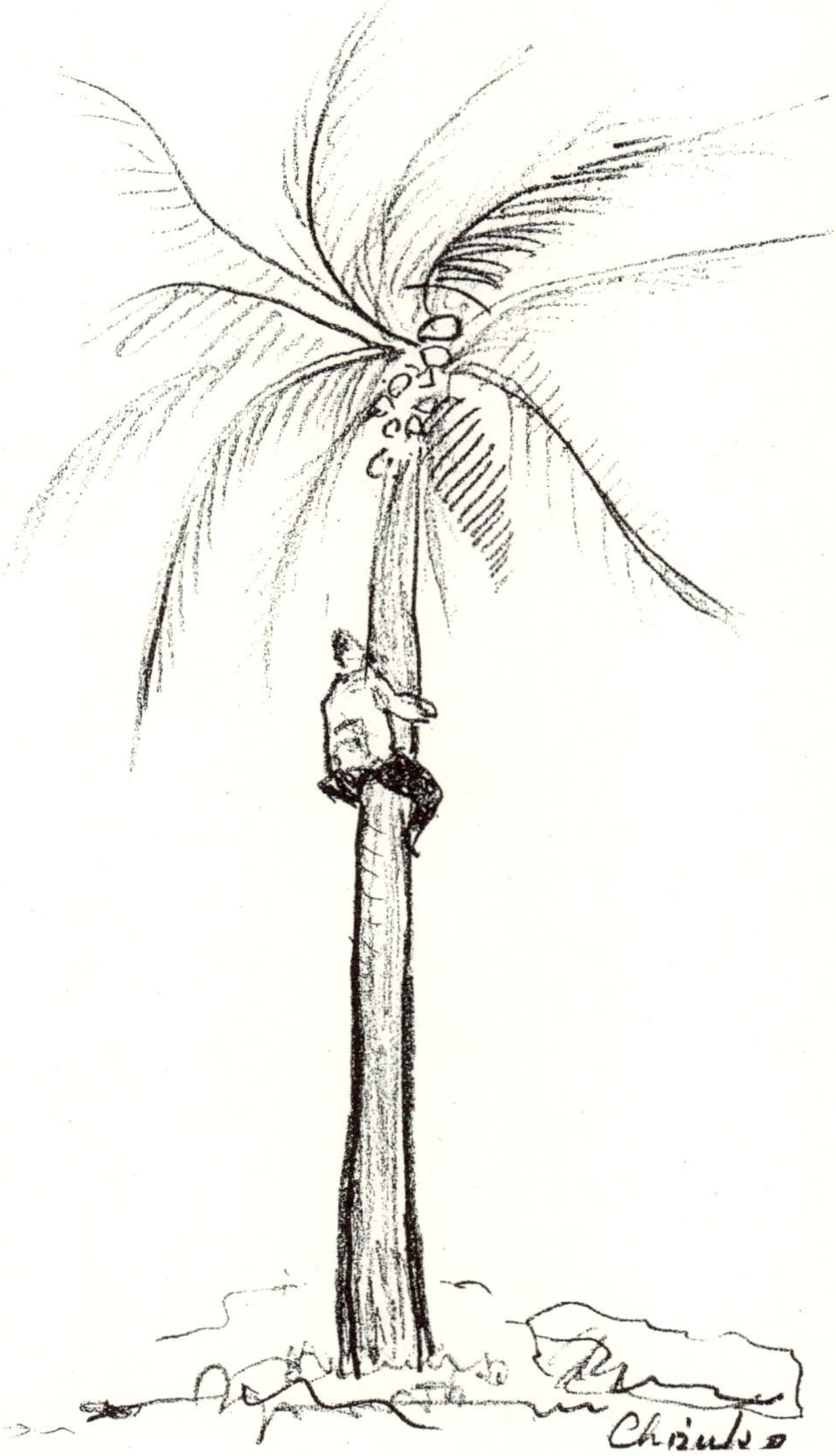

目次

目　次

目　次

序章　カヌーをつくるとき

★喜びの星・ホクレア★

二〇世紀から二一世紀へとどんなに科学や技術が進歩しても、人は次世代にどうしても伝承したいと思う貴重な文化をもっている。これだけは絶対に消滅させてはいけないと確信する「ほんもの」をもっている。それは、民族文化や価値感の中核となるものであり、言語であったり、宗教や生活体系であったり、音楽や伝統芸能であったりもする。近代的な航海計器を用いず、双胴のカヌーを漕いで海を渡る古代ポリネシアの航海術もその一つだ。

羅針盤も地図もなく、大空を仰ぎ、星座を読み、風を身体いっぱいに受け、海の波紋を読んで前進する。その伝統的

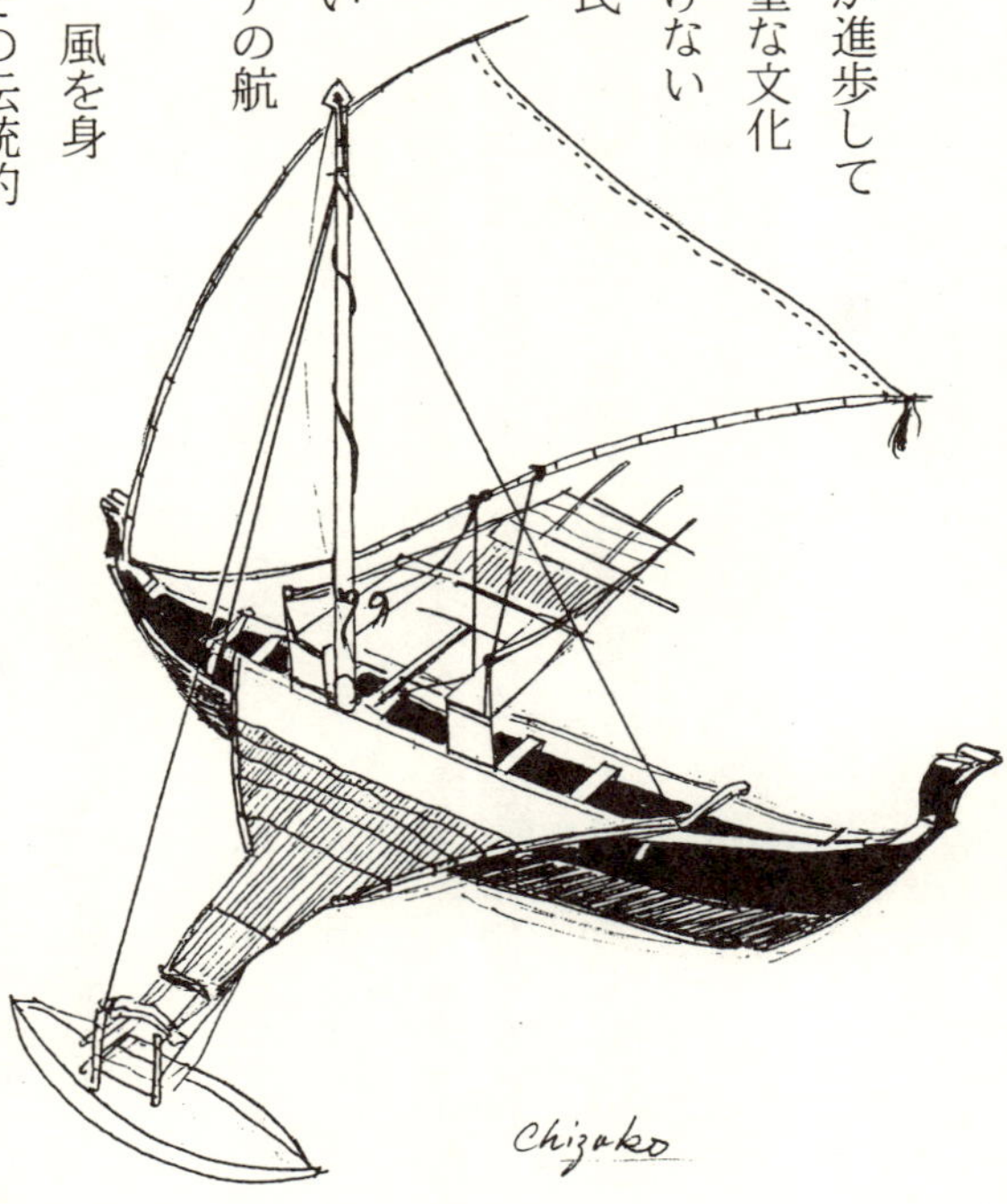

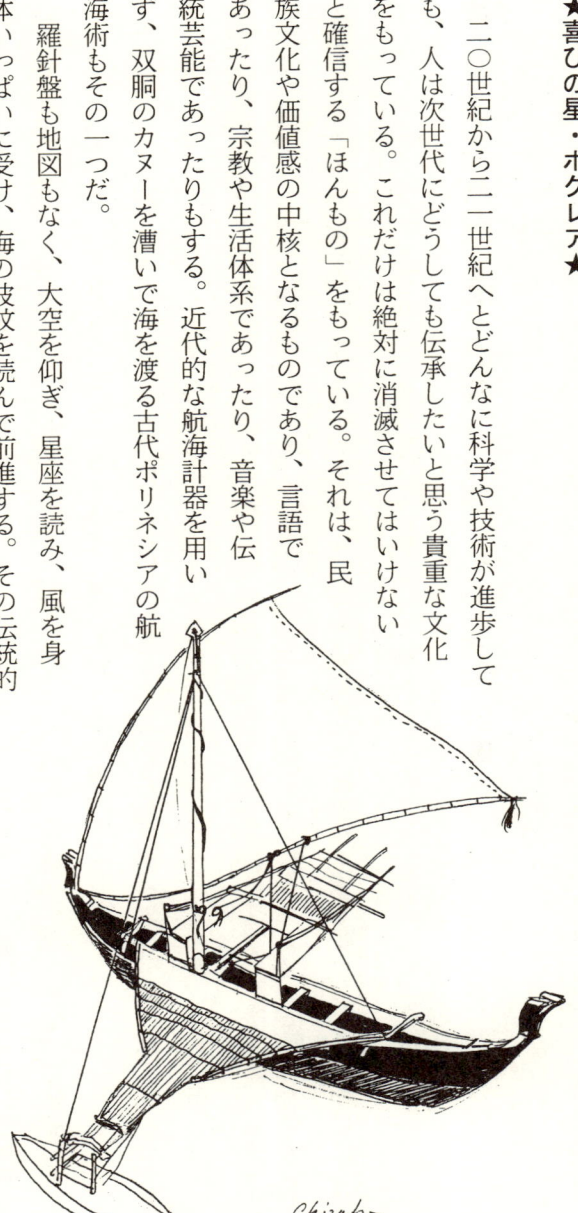

な航海術をもった最後の一人と言われるのがマウ・ピアイルクだ。一九七六年、彼は、アイデンティティの復活を求めてハワイで復元された双胴の「ホクレア」号というカヌーに乗ってタヒチまでの航海のナビゲーターを勤めた。「ホクレア」とはハワイ語で「喜びの星」という意味である。

九、五〇〇キロに及ぶハワイ・タヒチ間の航海で、ピアイルクから航海術を学び、受け継ごうとした人がいる。ハワイ人ナイノア・トンプソンは、対話力を駆使して航海術を学び、その後、さらに自ら星座、気象、海流などを研究した(1)。

オワフ島のビショップ博物館内にあるプラネタリュームは、ピアイルクがトンプソンに航海術を伝承する貴重な映像を映し出していた。一九八〇年、トンプソンはピアイルクの助言を受けながら、ついにハワイ－タヒチ間往復のナビゲーターができるまでになったのだ。

■人間の多様な能力　空間を読む能力　Spatial Intelligence■

ピアイルクのように古代ポリネシアの航海術を身につけ、次世代に伝授できる人はどのような能力をもっているのだろう。大自然を生きる強靭な体力、孤独や恐怖に耐える自己に厳しい精神力、そして星、風、海の波紋によって空間を読める能力（Spatial Intelligence）はどのようにして培われたのだろうか。彼らは、常に島々を移動することによって新しい環境に適応し、コミュニケーション能力を駆使して新たな友人を獲得した。新たな言語との出会い、異なる文化との触れ合いを人生の喜びとした。

一九九七年、筆者は北マリアナ諸島自治領のサイパン島マイクロビーチで一双のカヌーを見つけた。そのカヌーを見た瞬間、心躍る思いであった。

「ひょっとしたら、これはピアイルクさんのカヌーではないだろうか」

予感は的中した。カロリニアン人のベンさん（The Carolinian Affairs Office の職員）の説明によると一四年前にピアイルクの家族と仲間がつくったものだそうだ。舟底はマホガニー材を使用し、ロープはヤシの実の繊維を編んだものでできている。九人のクルーが乗り込んだそうだ。傍にあるパンの木の小さいカヌーは釘も使わず三日でできるという。

私は一日中傍らに座りこんでスケッチした。

スケッチするということは、その対象物と対話することでもある。喜びを表現したカヌーに私は多くの質問を投げかけた。

太平洋の航海の民は、どのようにして太陽や星の位置で方角を読み、海の波紋を正確に把握しうる能力を身につけていったのだろう。何を目的に移動したのだろう。その航海術をどのように伝承してきたのだろう。どのようなことばを用いて、コミュニケーションを生んできたのだろう。

奥に見えるのがピアイルクさんのカヌー。手前は丸太をくりぬいてカヌーを作っているベンさん。

★文化とは何か★

カヌーは、まず「文化」(culture)とは何かを教えてくれた。文化とは土を耕す、耕作する(cultivate)ということばから派生している。人が自然に手を加えて形成してきた物心両面の成果であり、衣食住をはじめ技術・学問・芸術・道徳・宗教・政治など生活形式の様式と内容とを含む(2)。島の人々にとって自然の中に身を置くことは、海に挑み、体力を消耗し、航海術を磨き、ひたすら価値あるものを創出し、洗練された品性を生み出す過程ではないだろうか。人を教化し、啓発し、教養をつけていく過程であり、大自然の中で友情を確かめることが彼らの「文化」であり、航海は新たな環境創造、そのものである。

人を教化し、啓発し、教養をつけ、親しくなるという文化創造のプロセスは、まさに対話のプロセスである。ジャンボジェットで大空を飛ぶ文明の時代に、古代ポリネシアの航海術は、一つひとつのことばに敬意を払い、丹念な対話を通して文化の尊さを伝えている。

■多文化共生社会の創造■

多文化共生社会の創造とは、まさに古代ポリネシアの航海のように、人にロマンと夢を与え、勇敢でダイナミックな行動力を必要とし、さまざまな知能や才能を磨く冒険である。しかし、海には道がない。いつ高波に襲われるかも知れない。異文化のせめぎ合いの中で葛藤し、疾風怒濤の中で自己と向かい合い、挫折と孤独を乗り越えて前進する。

一方、航海術は起業家精神（enterpreneur）と相性がいい。多文化共生の家族の創造も教育の現場も企業の発展もみな、すてきなボヤージであり、文化の豊穣を促してきた。事実を丹念にことばに抽象するという作業は、それが環境を創造する基礎となることを実感できるとき、実に楽しい作業となる。批判し、感動を共にし、共振しつつ新たな対話空間を創造する。それが多文化共生社会の創造ではないだろうか。

★多文化共生の航海術とは、向かい風を巧みに受ける対話力の育成に始まる★

では、対話力とは何だろう。

ロシアの哲学者バフチン（Bakhtin）は、文化的衝撃から来る摩擦や葛藤を創造性に変えるものとして、対話（dialogue）を挙げている。その上で、摩擦や葛藤を正面から見据え、摩擦や葛藤に耐え、多様な他者と向き合い、積極的に相互作用に向かおうとする勇気を持ち、自己と他者の変革をひき起こす創造性をもつことが、「対話的能動性」であると主張する(3)。

「以心伝心」「阿吽《あうん》の呼吸」をよしとした日本人の最も苦手な分野でもある。日本人はどちらかというと他人の言動に左右されたり、人が自分をどのように評価しているかを大変気にする人が多いと言われる。これが対人関係に大きなストレスを感じてしまう結果になる。

「対話力」とは、バフチンが説いたように、対象の多様性に気づき、自己の立脚点に立って、異質と感じられる対象とも相互作用を行う勇気をもち、行動することにある。その結果として、自己の内部に異質なものを取り入れ、自己の環境を創造することと言える。多様な他者と向き合うことも、積極的に相互作用に向かおうとするにも「勇気」がいる。自己と他者の変革をひき起こす創造性をもつことが「対話的能動性」であるとするならば、この「対話的能動性」をもつ市民は、何を目指しているのだろうか。それは、より豊かな人間環境の創造ではないだろうか。

「創造する対話力」は、丹念な対話のプロセスから自信を勝ち取り、人が幸せに生きるための鍵ともなる。たとえ陰湿ないじめにあっても冷静に対処できる。ことばによって自己を開き、対象世界と対話し、自己を改革する力をもっている人物は、相手をあたたかい空間で包み込み、人を惹き付け、愛される。人間の基本的欲求とは、「愛したい、愛されたい」ということであり、そういった内面的な欲求が充たされたとき、人は「前進する市民」として社会で真に活躍できるのだ。

★大空の星座とは★

夜空を見上げるとインターデシプリナリー（interdisciplinary）な学問の星が輝く。自然科学・社会科学の無数の星座が地球を照らしている。多文化社会を照らす学問も都市社会学、異文化間教育学、文化人類学、法学、経済学、経営学、女性学、教育学、心理学、言語学、哲学、公益学、環境創造学……、などが重なり合う。航海術とは、一つの学問に依拠するのではなく、大空を捉え、方向性を見い出す技術である。鋭い視力、眼力さらに複眼が必要になる。現に太平洋島嶼諸国を旅して、近視の眼鏡をかけている人に一度も会ったことがない。彼らの視力は、驚嘆に価する。

学問の星座の重なりを読み、知識と情報を整理し、矛盾と葛藤の中から分析能力を磨き、理論を構築する。そこに普遍性を見い出そうとする真摯《しんし》な態度があるとき、コンピュータは、新しい学問の構築に時空を超えて威力を発揮する道具となった。年齢も性別も国籍も肩書きもすべて超越して、厖大《ぼうだい》な情報を共有し、対話を通して問題の本質に迫ることができる。学問の世界だけではない。多文化共生社会の実現を志向する実践者や研究者にとってもコンピュータの果たす役割は大きい。しかし、コンピュータは相手の顔が見えず、極めて大きな危険性をはらんでいる。人を騙《だま》したり、中傷したり、陥れたりする道具として使うことがないように、コンピュータにおける対話のマナーを心得ておくことも航海術の一つである。

▲人権の理念▲

> すべての人間は、生まれながらにして自由であり、かつ、尊厳と権利とについて平等である。人間は、理性と良心とを授けられており、互いに同胞の精神をもって行動しなければならない。

世界人権宣言の第一条に掲げたこの誓いを、航海の民はマストに織り込んでおこう。地球に生きるあらゆる人に投げかけられた崇高な理念だ。循環型市民社会の形成とは、グローバルな視点と共に、忘れ去られた子どもの命に照射し、平等な人権実現を可能にする社会システムの構築でもある。

日本における最高法規である日本国憲法は、人種・信条・性別・社会的身分・門地などによって差別されないとする法の下での平等をはじめ、思想および良心の自由、信教の自由、学問の自由、生存権、教育を受ける権利、勤労の権利など、実に多くの種類の人権を「基本的人権」として保障している。

自由とは、平等とは、何を意味しているのだろう。多文化共生社会が深く人権に根ざした社会であることを、マストに織り込んでおきたい。

★「多様性」という大海原★

人間はすべて唯一無二の存在である。すべての人はみんな違うからこそ惹き付け合う。そして、競争し、差別し、優位に立ちたい。本書は、ライフサイクルにそって、さまざまな次元の「異なり」を探究し、文化的多様性の環境の中で成長する人々に焦点を合わせて、日本における多文化主義の芽生えとその課題を浮き彫りにしてみよう。また、多様性という海を渡るには、家族のあり方や子育ての方法なども、読者と共に考えてみたい。多様性に主眼をおいた家庭教育の視点にちょっと発想を変えてみると、子育ては決して面倒なものではない。子育てを終えてみると子育てほど楽しいものはないことを伝えていきたい。

また、学力の低下が問題になっているが、学力の評価のあり方もこの航海では大いに考えてみたい。

小さなカヌーにとって多様性の海はあまりにも広大で果てしなく、波は高く、航海は困難を伴うかもしれない。真っ暗闇の中でハリケーンが襲ってくるかもしれない。けれども恐れてはいけない。恐れは何も創造しない。洗練された航海術を身に付けるには、読者と筆者が力を合わせ、快い対話ができる小さなカヌーの航海がいい。

アウトリガーカヌーの航海には、豪華客船では決して味わうことができない醍醐味がある。

さあ、多様性の海に向けて、船出しよう。

登場する海の仲間たち

この航海にはかわいいイルカたちが、いきなり飛び出してくる。
魚たちはコミニュケーションを促進するファシリテーターであり、活発な対話の呼び水となる視点を投げかけてくれる。読者はそこでほっと一息入れたり、対話を促進するアクティビティの道具に使うこともできる。魚たちはフィールドワークに役立つヒントも与えてくれる。イルカはことばをもって読者に発話している。イルカとのコミュニケーションを楽しんでほしい。
環境を創造しようとする時、人は「肩書き」や「身分」を離れて一人の市民として能動的な対話をしようとする。ところが、本の中では、相手の顔が見えてこない。それを多少なりとも補う意味で、本書では提言者や論述した人の国籍や立場を紹介している。

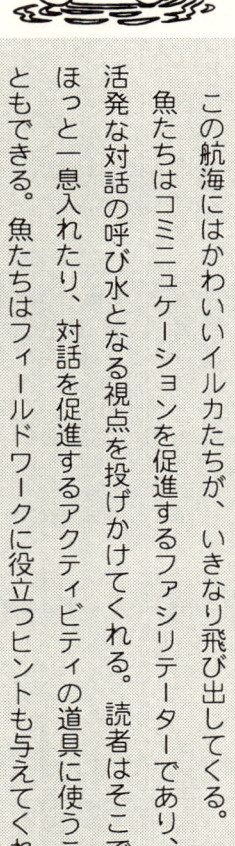

【注】

(1) 中島洋『ハファダイ・ミクロネシア博物誌』一九九三年、vol.4.

(2) 『広辞苑』〔第六版〕岩波書店、一九九六年。

(3) 倉八順子「日本人学生と留学生の対話の空間創りの実践－多文化へ開かれた態度の育成を目指して」第二〇回異文化間教育学会発表（二〇〇〇年）。

第一部　多様性の海の航海術

グローバリゼーションのうねりは、いつ頃から始まったのだろう。西欧人が世界に進出する一五世紀の大航海時代よりも、ずっと以前からあった。

慶應義塾大学の関根政美教授によれば[1]、グローバリゼーションは、資本主義が本格的に展開した近代以降に明確になり、第二次世界大戦後に加速され、一九八〇年代後半の冷戦終了に伴い、共産主義の崩壊と資本主義の世界的展開が決定的になると、本格的に関心を集めるようになったという。今日では、日本でもグローバリゼーションの巨大な社会変動の波を多く人々が日常的に意識するようになった。

経済のグローバリゼーション、人口移動のグローバリゼーション、情報のグローバリゼーション、思想・イデオロギーのグローバリゼーション、工業化・脱工業化のグローバリゼーションというように多面的なグローバリゼーションの流れがある。なかでも、これまで経済のグローバリゼーションは最も頻繁に論じられ、国民経済と国際経済の垣根が低くなってきた。

筆者は、七〇年代初頭にソ連と英国と米国をメインに世界の主要都市を点々とした。幼い子供の手を引いて大きなお腹をいたわりながら移動する多くの女性たちの増加が印象に残っている。そして、八〇年以降、新宿大久保地区をフィールドにして、家族（family）のグローバリゼーションを妊娠、出産、育児という子育てのライフステージと太平洋における女性のエンパワーメントを通して研究してきた。妊娠、出産、育児のグローバリゼーションは、共生のアクチュアリティを伴い、子ども達の表情に日本の未来を見ることができる。それは人種、民族、エスニシティの本質を知る手掛りであり、多文化主義の息吹きを感じる実践研究であった。まさに人間の多様性の海の航海記であり、日本における多文化主義社会は、すでに現実のものとなって地域に根を下ろしていることを教えてくれる。大人社会が、日本において多文化主義はまだまだシンボリックなものに過ぎないと思っていても、子ども達は多文化共生社会の中ですくすくと成長し、開かれた日本の未来を担う新しい人格を形成している。

マスメディアが描き出す排他的な日本社会や学界が論じる理念や概念をよそに、子ども達は、日々の暮らしの中で、民族も人種も国籍も越えて、助け合って生きている。それを見守る母親や教師達もまた、多文化共生能力を高めている。

本書の第一部は、日本がすでに多文化社会を容認し、多文化共生社会が地域に徐々に築かれている実態を読者と共に探究してみよう。

二一世紀は経済のグローバリゼーションではなく、多様性に主眼をおいた愛のグローバリゼーションに照射する時代である。なぜなら、愛の力は新しい環境を創造することになるのだから。

【注】

(1)　関根政美『多文化主義社会の到来』（朝日選書二〇〇〇）。

第一章　愛のグローバリゼーション

第一節　人を愛するということ

人間の基本的欲求とは、「愛したい」「愛されたい」という欲求であり、そのために「少しでも良くなりたい」「成長したい」と願う欲求でもある。また人は、自分を磨き、自己実現あるいは「多様性」を求めて移動する欲求をもっている。

移動によって新しいコミュニケーションが始まる。新しい環境に自己のこころのベクトルを開いていくことの楽しさこそ、生きる喜びではないだろうか。自己のこころを開くことによって、こころは必然的に、自己にはないものをもつ他者と対峙し、ときめきを感じる。

惹かれ合うエネルギーを獲得し、対話は知識を構成し、理解の積み重ねが友情を育み、愛を培《つちか》う。自己とは異質な他者

間違い電話がきっかけで国際結婚へ。袖振り合うも多生の縁。

と対峙し、自己と他者の間に多文化的な環境を共有する。その多文化的な空間が水魚の交わりの如く解放感を伴う心地よいものであり、自己の世界を拡大し、高めてくれる環境を共有する時、前進する自信と生きる息吹きを感じとる。

人は、その息吹きの中で、恋をしている自己を発見する。

創造する対話力は、それを本物の愛つまり持続可能な愛に育てていき、やがて「家庭」という価値ある環境創造を可能にすることができる。

本物の愛とは何だろう。

あなたの恋愛経験を語り合ってみよう。

ニュージーランド人ジェーンは、間違い電話の相手のオーストラリア人と意気投合し、二人は一週間後に出会い、三か月後に結婚した。一年半経つと赤ん坊ができ、その感動を長々と綴《つづ》って送ってくれた。彼らの幸せに満ちた現在の写真だ（前頁）。

出会いはそこら中にある。コミュニケーション能力が幸せの扉を開いてくれる。

おそらく、人が創造する環境の中で、「家庭」という環境は最も価値あるものの一つだろう。しかし、詩人リルケのことば通り「愛は持続」であり、夫婦の愛を持続可能なものにするには、責任と忍耐と対話力を必要とする。

筆者は、アメリカのホストファミリーから結婚は最初が肝心だと教えられた。いつもお互いをほめ合う習慣をつけよう。「ほめ愛家族」を奨励しても、中高年になってから夫婦がお互いにほめ合うことは至難の技だ。結婚する前から、会ったら必ず、態度や努力をほめる習慣をもとう。

しかしながら、かく言うアメリカにおける離婚件数は結婚の約半数。多数の子どもが傷つき、長い間癒されないことが多い。子どもにとっても、周囲の子どもはほとんど離婚した親の子どもという状況にある。日本においても平成一一年の離婚件数は二五万五三八組で、前年の二四万三、一八三組より七、三五五組も増加した。

国際結婚による離婚率はさらに高い。その理由は国籍が違うからだろうか。一つには対話力の欠如があるだろうが、夫婦の対話力とは、語学能力とは一致しない。ライフスタイルや思考スタイルの不適合によって、国際結婚の夫婦が国境を越えると態度が激変するという話は、珍しくない。

あるブラジル人女性は涙を浮かべて話してくれた。

「ブラジルで知り合い、結婚して二年間は幸せでした。それが日本に住居を移すことになり、母国を後にした。成田に着くなり、夫の態度は激変した。荷物は持ってくれない。肩を抱いてもくれない。それから五年が過ぎ、夫はキスしてくれない。……涙……愛していると一度も言ってくれないのです、……涙……」

ブラジルでの夫婦愛の表現方法が、日本でのそれと大きく異なる。

筆者はこの話を聞きながら同情したが、同じような話を日本人男性と結婚した韓国の女性からも聞いた時は、別の感想をもった。国際結婚で夫婦が上手くいかなくなると、それが国籍や民族文化が違うからだと思い込んでしまうのは、女性にも男性にもある一つの錯覚に過ぎない。「愛に国境はない」と同様に、「恋がさめる」のにも国境がない。

「日本の夫は無味乾燥、対話がない」。「仕事に疲れ果てて仮死状態になって帰宅する」。これでは結婚している意味がないという外国人女性の訴えに、あなたは何と答えるだろう。

人は多様な恋をして生きている。しかし、「人間の社会生活の基本的単位は、これまで多くの国々で『世帯』(household)であると考えてきた。世帯は居住と生活の単位であり、生産と消費の経済的機能、生殖と育児の教育的機能、家産や社会的地位の相続・継承、祖先祭祀などの宗教的機能を有する組織である。世帯の中核をなすのが、男女の経済的社会的協力の基本システムとしての家族と親族である。家族は通常、結婚によって形成される集団であり、社会関係であるが、その態様は環境によって著しく異なる[(1)]」という。

人は好きな人と結婚する自由と結婚しないで暮らす自由をもち、双方の意思によって別れる自由ももっている。すなわち結婚しないで自由に恋愛し、自由に暮らし、自分を高めていく生き方もある。そういう生き方を肯定する社会にあってもやはり、愛のある家庭をもち、子育てもしてみたいと多くの人々が願っている。

窮屈でない持続可能な夫婦になるにはどうしたらよいだろう。

まず、「人は多様性を求めて生きている」ことを肯定的に容認する必要があるのではないだろうか。限定されない友達をもつ自由を夫婦が認め合う寛容性が大事だと思う。それは、夫婦のパートナーシップが開かれたものでない限り持続しにくいからだ。しかし、それは七〇年代にアメリカではやったオープン・マリッジのように、複数の友人との性的関係性を認め合うということではない。自己実現のためには、多くの異なる環境にいる異なる価値観の人々とも親しい交流をもつことを夫婦が認め合うことが大切だ。できるだけ多様な友達を多数もつことが自分を自由にし、かつ家庭の幸せを壊さないことにつながる。男性も女性も同じようにそれぞれの人権を尊重し、お互いの励ましや勇気をくじかない対話によって人は数倍の活力を生み出せる。双胴カヌーの強みは、それぞれに独立したカヌーが横木によって一つに結ばれて支え合い、対話力をもって逆風に吹かれながらも、大海を悠々と航海できることだろう。ここで言う横木とは責任感である。

「人は多様性を求めて生きている」ことを子ども達にも教える必要があると思う。なぜなら、両親の不和や離婚の原因は自分にあると勘違いして深く傷ついている子ども達が少なくないからだ。

多元価値社会では、持続可能な夫婦のあり方を対話することが大事だ。
あなたの理想とする家族のあり方を語ってみよう。

第二節　国際結婚の増加がもたらすもの

近年、日本において地域社会の多国籍化は異文化間の運命的な出会いを次々と演出し、海外にルーツをもつ子ども達の増加をもたらした。日本における外国人登録者数は約一六八万人で総人口の一・三三％にあたる（二〇〇一年）。しかし、アジアや南米から来日したニューカマーの間でベビーブームが起きた。日本人との婚姻によって、外国人は「日本人の配偶者等」という在留資格が与えられる。この在留資格によって日本で行う活動に制限がなくなり、定住化への道は確実なものになる。

全国での国際結婚は一〇年で二倍近くになった。また子どもを伴って来日する外国人も増加し、在留資格の中で「家族滞在」も増えた。

国際結婚の増加や外国人の滞在の長期化は、日本の地域社会にどのような質的変化をもたらしたのだろう。文化的多様性の中での妊娠、出産、育児に焦点を合わせてみたい。

東京都では、一九九七年に生まれた赤ん坊のうち一四人に一人（七・〇％）、大阪では一三人に一人（七・六％）の親が外国人であることが、東京女子医科大学看護学部助教授の李節子氏の分析で分かった。まず、一九九八年二月朝日新聞は夕刊の一面にその事実を大きく取り上げた。

「厚生省の人口動態統計では在日外国人を含まない形で日本の出生率を出している。八五年の国籍法改正で父母どちらかが日本人であれば子どもも日本国籍を取れるようになり、統計から国際結婚の動向は見えにくくなった。李さんは独自に各種統計を分析、在日外国人の母子保健の指標づくりを試みてきた。

父母の国籍別出生児数の推移

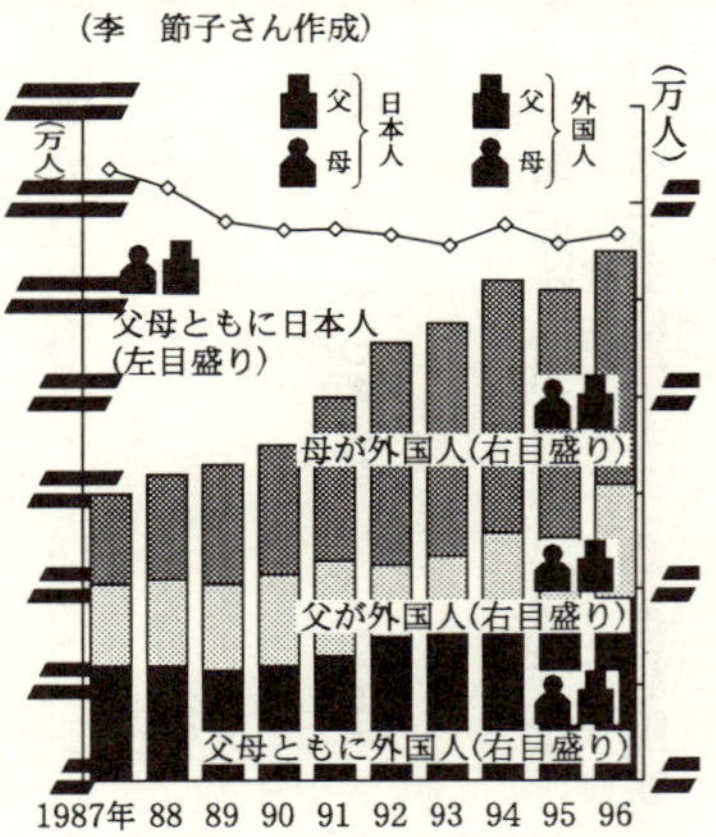
(李　節子さん作成)
(万人)
日本人 父 母
外国人 父 母
(万人)
父母ともに日本人
(左目盛り)
母が外国人(右目盛り)
父が外国人(右目盛り)
父母ともに外国人(右目盛り)
1987年 88 89 90 91 92 93 94 95 96

(出典)「朝日新聞」1998. 2 .26(夕)

それによると、九六年に生まれた赤ちゃんのうち外国人を親に持つのは三万二、四三四人で八七年の一・八倍、出生率に占める比率も一・三%から二・七%になった。母親が外国人、父親が日本人の組み合わせが最も多く、一万三、七五二人。都道府県別では東京都（五・六%）と大阪府（四・一%）が高く、政令指定都市では、大阪、東京都区部に、京都市（五・三%）、神戸市（四・六%）が続く」。

外国人の母親の国籍別にみると韓国・朝鮮、フィリピン、中国、ブラジル、タイ、ペルーの順。オールドカマーと呼ばれる人たちの比重は全国的には下がりつつある。日本人と同様に、高齢化と少子化が著しく、韓国・朝鮮籍の母親からの出生率は八七年に比べると二割近く減っているそうだ。一九九九年一〇月に同じく朝日新聞の夕刊一面に「東京の赤ちゃん国際化急ピッチ」の大見出しが載った。李氏の長年の研究と分析が実を結び、多文化・多民族・多国籍の実態が迫ってくる。

東京の港区、新宿区では外国人を親にもつ子どもが五人に一人の割合に達している。日本人同士の間で少子化が進む一方、円高傾向が定着した一九八〇年代後半以降に急増した来日外国人の間でベビーブームが到来、日本人との間に生まれる子どもが増えているためだ。出産・育児の環境に恵まれないケースも多く、乳児死亡率は高い傾向がみられるという(2)。

筆者は九三年に新宿区の保育園の実情を知って以来、日本国籍をもちながら外国の文化的背景をもった子ども達の増加をひしひしとを感じてきたが、このような詳細な統計分析に接したことは大きな喜びだった。

都市環境の創造には、人権（human rights）の土壌が基盤にあることを、私たちはあらためて対話の中で確信した。

第三節　身ごもるということ

東京・新宿区にある総合病院では、分娩約五〇〇件のうち、二割近くが外国人の母親だそうだ。産科の待合室には、さまざまな民族の女性たちが隣合わせになる。待ち時間は結構長い。この小さな空間には、妊娠・出産に伴う喜び、希望、夢、不安、緊張、葛藤、人生観のすべてが凝縮して交錯し、それは恐らく身ごもった者だけが体験する人間の最も本質的なアクチュアリティをもった空間と言えよう。無言の中で、自己と対峙し、対話している女性たちがいる。パートナーを伴って対話する者もいる。やがて馴染みの顔が対面する時、徐々に打ち解けて、気楽な対話空間を創造し、お互いに勇気づけが始まる。

妊娠は、新しい命を身ごもる大きな喜びに相違ない。周囲の祝福に包まれ、出産の日を待ちわび、全身の力を振り絞って、新たな人間の誕生を迎える。この感動は何ものにも代えがたいはずである。

けれども、この濃厚な空間は、一人の女性が身ごもる状況がいかに多様であるかを語ってくれる。経済的な問題、男女間がすでに破綻している後悔の妊娠や、強制的な妊娠、産みたくないのに身ごもってしまった女性たちも少なくない。そして、この待合室に来ることもできないで、不安と恐怖におののいている女性たちのことを想う。自らの胎内で刻一刻と胎児は成長する一方で、こころは凍りつき、ことばを喪失し、対話を恐れる外国人女性たちのことを想う。人がひしめき合う大都会の雑踏の中で、固い殻に閉ざされ対話を喪失した暗い環境を自らつくってしまった悲しみを一体だれと共有できるのだろう。妊婦検診を受けに来ない女性たちは、産後の育児指導でも意思疎通の点で思うにまかせないという課題がつきまとっている。

一九九二年の女性の家「HELP」に寄せられた電話相談五〇九件の九五％が外国人女性からだった。結婚、再婚、出産、妊娠、中絶、認知、離婚、養育費、親権、夫婦問題、子どもの預かり先の紹介という項目に寄せられた相談である。その相談の一つひとつに「偏見と差別とは何か」という核心に迫る現実があり、複雑な都市環境と地球環境とが交錯する中で、無責任な男性の問題が浮上した。

人を愛するということは、人間の生きる権利を尊重し愛することだ。人権意識のない男性には、愛する資格も親になる資格もないと思う。

煩悶の程度の差こそあれ、さまざまな状況に置かれる妊娠、出産、育児のライフステージで、女性は自己と必死に向き合う。安心して生活できる住居の有無、在留資格、夫の家族との不和、言葉の不自由、異国での出産、孤独、費用の心配、育児への不安など、子を身ごもる上に困難があればあるほど、パートナーの誠実さと男女の関係性を見据える必要に迫られる。アイデンティティに揺れを感じ、生き方のプライオリティに悩み、母としての責任感、人間としての品位を思い、葛藤と孤独の中で新しい自我同一性を見い出す。

アイデンティティ（Identity）とは、「自分が自分であること」「自分の存在証明」「自分なりの生き方や価値観」などと訳されているが、自分を他者から区別する自分らしい独自さのすべてと定義されている。

異文化間教育や多文化教育では、アイデンティティは社会的な多様な側面まで含んでいると考えられている。つまり国家、文化、民族などの集団への帰属意識・所属意識を指すが、それ自体で問題になるのではなく、個人の自己意識や自我の確立との関連で、その帰属意識・所属意識に混乱や葛藤が生じたときにアイデンティティとの関連が問われるのである[(3)]。

「身ごもる」ということは、養育者としてのアイデンティティを確立することだ。もう悩むことはない。親として堂々と生きることだ。

すべての人にこれだけは忘れないで欲しいと言いたい。二一世紀、どんな妊娠も周囲から祝福され、妊婦も胎児もそれぞれの命として尊重される。たとえ在留資格がなくとも堂々と周囲や役所に妊娠の事実を伝え、母子手帳を受けとることができる。子どもの養育はまず親に責任があり、国はその手助けをする。夫がいてもいなくても、子どもを産み、養育し、日本に定住することができるのだ。

法務省は平成八年七月、「日本人の実子を扶養する外国人親の取扱について」と題する通達を発出した。日本人の実子としての身分関係を有する子どもが日本社会で生活し成長することができるようにするため、外国人親が親権者として現実に日本人の実子を監護・養育している事実が認められれば、原則的に「定住者」の在留資格への変更が許可される[(4)]。ここで筆者は確認しておきたい。子どもの命の尊厳を重視すると共に、市民として法律を遵守する姿勢が求められることを。

第四節　コミュニケーション能力不足からの不安

妊娠と出産の経験は、一人の女性の人生観を大きく変え、社会的役割も大きく変化するという衝撃を伴う。まして異国での妊娠と出産は、多くの不安や苦労を伴う場合とかなり幸運な場合とに大きく明暗を分けて、日本社会の中で悲喜こもごものストーリーが展開してきた。日本で出産する外国人女性にとって、言葉が通じないことからくる不安やストレスはどのようなものだろう。

私は、トンガ人、ソロモン人、インド人の妊婦が医師とのコミュニケーションに不安に感じている状況を知り協力してきた。

コミュニケーションが正確にとれているということで妊婦は救われたような表情を見せる。やがて陣痛をこらえて女性たちは子どもを産み、生まれた子どもは誰から教えられることなく美味しそうに乳を飲み、あくびをしたり、笑ったり大声で泣いたりする。豊かな表現力と母性愛に溢れた幸せなこ

2000年１月１日，練馬区にミレニアムベビーが誕生した。

の光景は民族と人種を問わず、あらゆる時代を通して、生きる喜びと普遍性を伝える。溢れんばかりの母乳に充たされ、テラスから差し込む日射しの中で眠りについた赤ん坊を眺めながら、私たちは同じ女性同士の感慨と無事の出産の喜びを共有した。

前頁の写真は、二〇〇〇年一月一日、午前三時に出産したインド女性とミレニアムベビーだ。インドでは、夫が妻に誠実で正直であればあるほど、陣痛が短く安産になると信じられているという。夫（インド人）は妻の耳もとで愛を語り、分娩室に付き添い、励まし、陣痛はたったの三五分だった。もっともこれは三人目の子どもで、最初の子どもの時が一八分、二番目が九分で、今回が最長記録とか。どの程度の痛みから陣痛というのだろう。

区役所が発行した母子健康手帳は、通常の日本語版と英語版（日本語の対訳つき）がついている。入院中に病院は英語版（Mather and Child Health Handbook）に成長記録を記入した。ヒンズー教徒への配慮でベジタリアンフードが調理され、ボンベーからかけつけた姉は時々インドのスープを作って差し入れたそうだ。インドでは産後三か月は灰色の栄養価の高い小麦粉 bajari で作ったパンを食べるため、姉がもってきてくれたそうだ。母子は一月六日に無事に退院。母親はまず、インドの母語の語りかけからスタートし、ヒンズー語、英語、日本語と年を重ねるごとに複数の言語で語りかけていくという。インドでは生後三か月間、手足を真直ぐに伸ばす形で赤ん坊をマントにしっかり包んで寝かしつける。それは、手で顔を引っ掻いたり、指しゃぶりをしないようにし、足も真直ぐに伸びるようにするためだ。伝統的な子育ての知恵が、子育ての場所を変えても東京で生きているというすてきなエピソードだ。

　文化人類学から見た外国人の母子保健としてメルボルン大学のキャロリン・スティーヴンス助教授（Carolyn S. Stevens）は次のように述べている。「外国人は意志決定における患者の権利や、出産への立ち会いへの否定的な対応に不安を抱いている。オーストラリアのような移民国家では、出産経験に対する満足度が、英語を話せない場合、英語を話す女性と比べて半分であることが報告されている（Martin，一九九七、四）。

　日本の医療社会もまたみずからの医療行為に関する一般的な慣習と在日外国人妊産婦のバックグランドのあいだに横たわる文化的なギャップを認識する必要がある」(5)。

　さて、人はいつどこで、どのようなプロセスを経て、この世に生まれてきたのだろう。

筆者の提案！
　自治体は父親・母親となるすべての人に，「子どもの権利条約」のガイドを母子健康手帳とともに配布することを提言したい。

「……卵子と精子が結合して、それが一つの細胞をつくり、母親の胎内で増殖し、数百種類の違った細胞になる。体のすべての部分ができる順序は決まっていて、正確に次々とできていく。そしておよそ二八〇日後には母親は陣痛を感じ、胎児は母親の産道を降り始める。陣痛は耐え難いものとなり、赤ん坊が産道を出る直前に、その痛みは頂点に達し、赤ん坊は生まれてくる。産声を上げると同時に赤ん坊は自分の力で肺呼吸を始める。……」(6)。

地球上に約六一億の人間がいても、すべての人は同じ過程を経てこの世に生まれ出てくる。四百万年の間に、八百億人がそのようして生まれてきたという。

★人はみな違う★

母親は赤ん坊を抱きながら、すべての子どもは同じプロセスで生まれてくるにもかかわらず、親から受け継ぐ細胞はたった一個に過ぎず、すべての子どもはみな異なっているというもう一つの普遍性に気づく。この気づき、〈すべての人間は多様である〉という、この普遍性こそが多様性の海を渡る航海のスタートである。

女性と男性の遺伝子が混ぜ合わされることによって、あらゆる子孫が多様性をもって産声をあげる。同じ両親から生まれる子孫の兄弟が、同じ遺伝子のＤＮＡの組み合わせをもつ確率は、一卵性双生児の場合を除いて、七〇兆分の一であるという(7)。

つまり、同じ組み合わせはないに等しい。男性と女性の遺伝子が混ぜ合わされることにより、祖先とは違う組み合わせの遺伝子をもった子ども達が無数に生まれていくということだ。六一億の人間はすべて多様性（diversity）をもっている。

同じ兄弟姉妹でも、親子でも、その性格や考え方はみな異なる。一人ひとりが個性をもっているのだ。

すべての子どもは同じプロセスでつくられても、誕生した子どもはすべて差異をもつのであり、妊娠と出産において民族や国籍の違いは本質的には何ら大きな意味をもたない。人間はすべて多様性をもって生まれ、それぞれの環境の中でさらに多様に成長するのではないだろうか。

【注】

(1) 江淵一公『文化人類学』放送大学教育振興会、二〇〇〇年。
(2) 「朝日新聞」一九九九年一〇月八日。
(3) 佐藤郡衛『国際化と教育』放送大学教育振興会、二〇〇〇年。
(4) 坂中英徳『日本の外国人政策の構想』日本加除出版、二〇〇一年。畠山学「日本人の実子を扶養する外国人の取扱いについて」『国際人流』一九九六年一〇月。
(5) 『在日外国人の母子保健』医学書院、一九九八年。
(6) ナショナル・ジオグラフィック・ソサイエティ編『人体の神秘』邦訳／福武書店、一九八八年。
(7) 喰代栄一『地球は心をもっている』日本教文社、二〇〇〇年。

第二章　文化的多様性の中での妊娠と出産

第一節　差別意識はいつどのように形成されるのか

文化的多様性の中での出産を日々体験している助産婦たちの研究グループは「文化とは出産のような人生の決定的な体験時に濃厚に表出される[(1)]」と指摘する。

「文化を越えた看護／助産研究会」という助産研究者が中心となった研究会が、東京女子医科大学で蓄積をもっている。表はGigerの「Transcultural assessment model」で、異文化理解とケアを提供するために役立てているものだ（次頁）。

これは生物学的変動、環境コントロール、時間、社会的方向づけ、空間、コミュニケーションの六項目を含む。また異なる文化を理解するには自分自身が立脚する文化の理解が前提であり、基礎となることを知ることも重要であるとしている。茨城県立医療大学助教授の加納尚美氏は、知らずに偏った見方をすることによって身につけた偏見は、次第に自らの特権と社会的地位と威信を守るために、自己の属する文化と距離のある群を侮蔑・憎悪・嘲笑・暴力の対象とし、従属的地位に位置付けようとする偏見の文化を生み出すと警告している。それは差別機構を形成する土壌にもなりうるとしている。

Transcultural assessment model

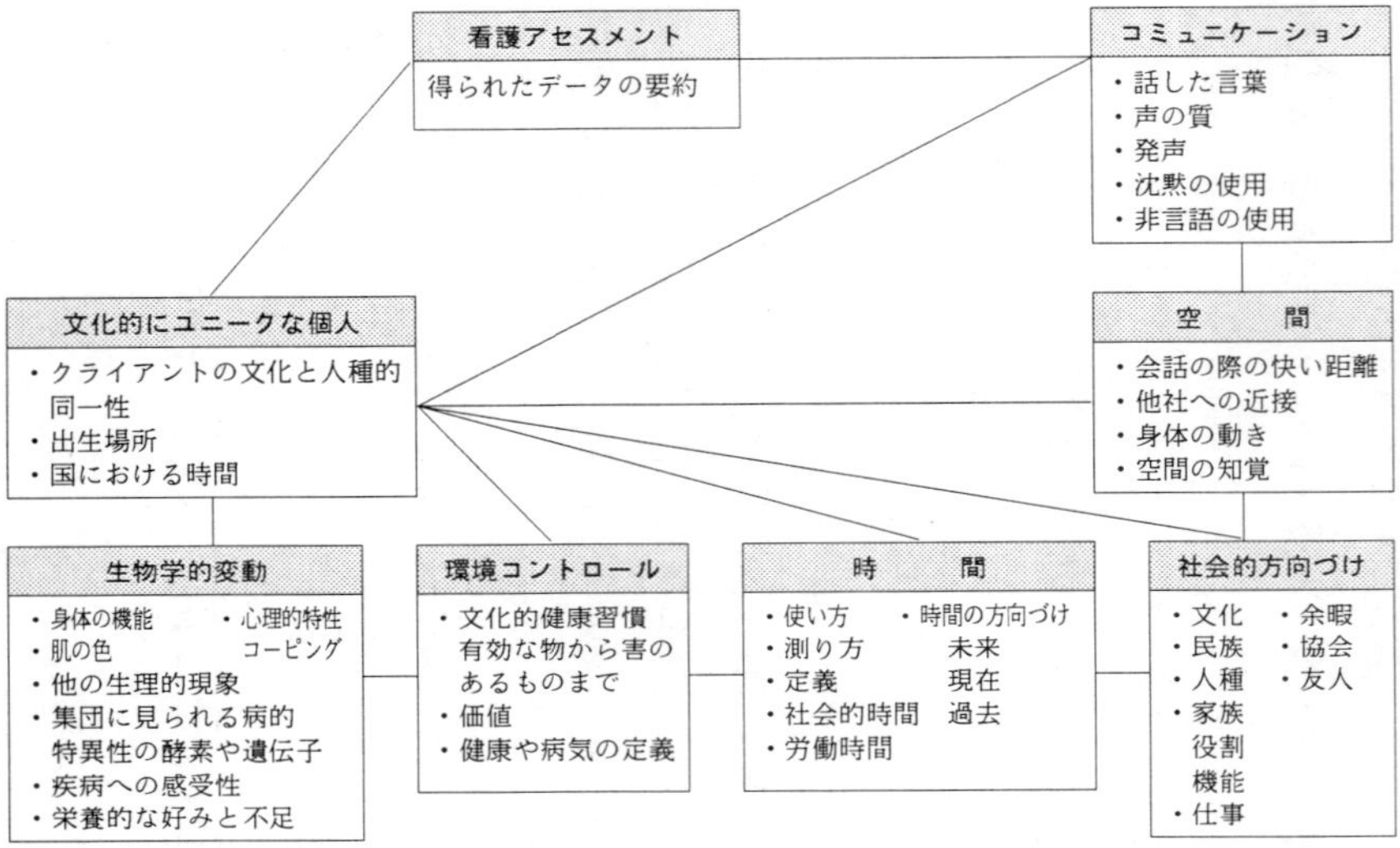
看護アセスメント
得られたデータの要約
コミュニケーション
・話した言葉
・声の質
・発声
・沈黙の使用
・非言語の使用
文化的にユニークな個人
・クライアントの文化と人種的同一性
・出生場所
・国における時間
空　間
・会話の際の快い距離
・他社への近接
・身体の動き
・空間の知覚
生物学的変動
・身体の機能
・肌の色
・他の生理的現象
・集団に見られる病的特異性の酵素や遺伝子
・疾病への感受性
・栄養的な好みと不足
・心理的特性
コーピング
環境コントロール
・文化的健康習慣
有効な物から害のあるものまで
・価値
・健康や病気の定義
時　間
・使い方
・測り方
・定義
・社会的時間
・労働時間
・時間の方向づけ
未来
現在
過去
社会的方向づけ
・文化
・民族
・人種
・家族
役割
機能
・仕事
・余暇
・協会
・友人

From Giger JN.Dabidhizar RE : Transcultural nursing : assessment and intervention, St.Loouis, 1991, Mosby Year Book.
Developed by Geneba Tumer, PhD RN.CFLE.（加納訳）

特に、妊娠・出産においては個々の文化が特有に形づくってきた価値体系の影響が反映されやすいとし、多文化社会では母子保健従事者は身体的なニーズだけでなく、固有の文化的背景から生じるニーズも理解しなければならないと指摘している。

さらに加納氏は、「入院するということ自体が、さまざまな背景を持つ妊産婦を医療的という文化的土壌にむりやり適合させる側面があることも十分に認識すべき」と、主張している。

助産婦の役割や宗教上、倫理的・道徳的な側面にも相互理解が必要なことを述べている(2)。

つまり、文化相対主義（cultural relativism）は出産という劇的な現場においても重要な視点であるのだ。筆者は、そこに「対話力」の必要性をひしひしと感じるのである。

★多文化教育の必要性★

人間が多様であることが差異を形成し、偏見と差別は、赤ん坊が産声をあげたその瞬間からその環境の中に含まれているといっても過言ではない。生きるということは偏見や差別から無縁ではないのだ。だからこそ、多様性を偏見と差別から解放していく対話の努力、教育が必要となる。多文化教育が、生涯教育や平和教育の視点として重要であるのはこのためである。

多文化教育（multicultural education）とは、民族や性、社会階級、障害などによる偏見や差別を排除し、それぞれの文化的アイデンティティを認めていこうとするものであり、そこに新しい子育ての視点が生まれ、さまざまな子ども達の学力や人格の向上を目指すことができるとするものである。人間は生きている限り自分自身のこころに潜む偏見と差別意識とに向き合っていなければならない。一人の子どもが誕生する環境に多文化教育を生かしていく必要があるのだ。

第二節　母語と同化圧力

多くの国際結婚では、どの言語を使用し、どのような文化的環境の中で、どのような価値観をもって育てていくべきか、親としての責任と教育の指針を問われる。母語（mother tongue）とは、人が生まれて初めて接し、使用することばである。言語はこころのよりどころであり、特定のアイデンティティや独自の思考の基本となって継承されていくものだ。

「養育者は自分が一番ここちよく表現できる言語でわが子に語りかけながら、新しい社会に出現した新参者であるわが子に、生きる知恵や文化の営みを伝えていく。養育者が語りかけることばは、養育者の考え方、養育者を取り巻く文化を表わすとともに、ひとつの体系をなした言語であるという側面をもつ。子どもは養育者の考え方、文化に浸ることによって、提携をなす一つの言語としての「母語」を学んでゆく(3)」。

しかしながら日本に暮らす外国人の母親が、母語で子守歌を歌ったり、語りかけることが自由にできているだろうか。比較的日本語ができる母親に対して、周囲は母語よりも日本語で赤ん坊に語りかけることを強要することが多いと聞いている。これが、差別や偏見が生み出す意図的あるいは無意図的な「同化(assimilation)圧力」である。

母国で培われた自文化と結婚相手の他文化との相互関係性(interrelatedness)について周囲の人々は深く考える必要がある。伝承すべき文化とは何か。わが子にとっての最善の利益(the best interest)について考え、異文化間における文化的感受性を育むことにもなる。言語をはじめとして文化もライフスタイルも、多文化共生社会にあっては与えられたものではなく、選択していくものだ。押し付けられたものではなく、自発的に選択し、さらに創造するものなのだ。この気づきが多文化共生社会への次のステップに繋がる。こうした子育ての意志決定プロセスを身近に認識する日本人同士のカップルも、文化的多様性の中での子育てのメリットに触れることになる。多文化共生社会が求めている資質や能力を身につけていくために、多様な子どもと共に子育てをした方が、創造的な多文化的資質を育むことに理解が及ぶようになる。

これまでは、旧態依然とした受験体制や古い固定的な教育制度を改革すべきだと批判しても、選択肢がない限り、その中に突入する以外に道がないと諦めた人が多い。

このように子どもが生まれた時点で、多文化社会をいかに生きるかという姿勢を問われ、異文化間の相互依存性（interdependency）についての認識が地域社会に広がる。まさに子どもの数が一人増えたという量的な変化だけではなく、地域社会に大きな質的な変化をもたらしていることに、日本社会全体が気づくべきなのだ。

自分の周囲に潜在する同化圧力と考えられる事例を探してみよう。

第三節　民族と国籍とは別の概念

子どもの名前を付けるプロセスには、親の夢や希望、理念が反映される。外国人の場合の方が、日本人よりも次々になさなければならない手続きが多いし、それらは一つひとつ重要な意味をもっている。

医師に出生届け書を書いてもらい、一四日以内に出生届、母子健康手帳、旅券と外国人登録証明書を役所に届ける。さらに六〇日以内に外国人登録をする。大使館に出向いて旅券申請をする。出生後三〇日以内に（東京）入国管理局で在留資格、在留期間の取得許可申請をする。在留資格、在留期間の許可取得後、一四日以内に外国人登録証明書と子供の旅券をもって区民課外国人登録係でその取得許可の届け出を済ます(4)。

乳児を抱えてこれらの手続きをこなすには、夫の協力が必要不可欠になる。

言うまでもなく子育ては本来、父親と母親の双方の責任と役割である。子育てに関する対話は夫婦のコミュニケーションの重要な内容になる。親のどちらかが日本国籍であれば、子どもは日本国籍を取得できる。ここで重要なことは、国籍と民族とは別の概念であり、日本国籍をもちながら、双方の文化を尊重する態度が必要であることを夫婦は語り合い、認識しておくことだ。そのことを家族はもとより社会全体が、確認する必要がある。

国籍と民族が違う概念であるということは、どういうことなのか。
学校や友人や家族で話し合ってみよう。

通常、国家とは歴史的に言語や文化を共有する人々によって構成される共同体のことと理解されてきた。では、日本という「国家」の概念は一体どこから生まれてきたのだろう。

一六世紀から一七世紀にかけての西欧では、一つの民族が一つの国家を形成し、一つの国民としてしまうシステムが形成されていた。それが「国民国家」（Nation States）と呼ばれるもので、日本も例外ではなかった。

岩井克人氏は、日本が世界資本主義の地理的な辺境に位置していたことや海に囲まれた比較的小さな規模の地形をもっていたことなどによって、すでに一六世紀の後半から政治的統一が北海道や沖縄をのぞいて達成されていたと指摘している。さらに明治維新以来の徹底した国民教育のお陰で民族と国家とを重ね合わせる西欧的な国民国家という概念がほかのどの地域よりも自明のものとしてみなされるようになってしまったのだと。だから「日本人」という言葉は、「民族」と「国民」という二つの意味を同時にもってしまっているのだと述べている(5)。

しかし、日本においても八〇年代後半に来日したり、国際結婚によって生まれた子ども達が、九〇年代の半ばに保育園や小学校に通う年代になった。複数の文化的背景をもった子ども達は、ハーフではなく、肯定的に「ダブルス」とか「国際児」と呼ばれ、外国にルーツをもつ子ども達が他民族の子どもとしていじめの対象にならないように配慮されるようになった。

現在では、新宿区や港区のような都心部の新生児の五人に一人は外国系の子どもであり、ダブルスが多い。妊娠、出産、育児、教育という流れの中で、日本国籍をもったダブルスの子ども達の増加は、外国人の多様性というよりもむしろ日本人の多様性に主眼をおくべき時代が到来したことを端的に示している。

日本国籍をもっていながら、複数の文化的ルーツをもった子ども達の増加と、そういう保育園や幼稚園の雰囲気や学校文化の中で一日の大半を過ごしている子ども達の成長を考えて欲しい。日本人であろうが、外国人であろうが、子ども達は多文化・多言語の空間で成長していることが、自明の理となっているのだ。

さて、生後三〜四か月児、三歳児の無料健康診査と保険指導を保健センターで実施している。また生後六か月児、九か月児、一歳六か月児の無料健康診査を役所の指定医療機関で行っている。保健センターから送られた受診票をもって医療機関に提出する。さらに伝染病予防のためのいくつかの予防接種を受けることを忘れてはならない。ポリオ（小児マヒ生ワクチン）、ＤＰＴ（ジフテリア、百日咳、破傷風の三種混合ワクチン）、ＤＴ（ジフテリア、破傷風の二種混合ワクチン）、日本脳炎、ＢＣＧがある。これらの予防接種の受け方は日本人でもややこしい。夫や家族の協力はもとより、地域の友人や知人の協力、自治体の多言語のサービスが乳幼児を抱える母親のよりどころになる。

第四節　無国籍の子ども達

現在日本には約二三万二、〇〇〇人（二〇〇一年）の超過滞在者が暮らしているという。そのうちの約一六万人が女性たちであり、その女性たちから生まれた新生児は約一万人と推定される(6)。その一万人に上る新生児が、今ここにあげた医療サービスを受けられずにいる。自治体はあらゆる子ども達に平等にサービスを提供しようとしているが、在留資格を問われないとしながら、在留資格のない母親は、子どもをつれてこういった一連の医療サービスを受けに行かない場合が多い。

国の政策として強制退去が待っているからだ。李節子氏は次のように指摘している。

「オーバーステイの妊産婦およびその子どもは、母子保健上の最もハイリスクグループである。その原因として、

①「不法」であることが理由となり、必要とされている状態にありながら、保健・医療・福祉の適用

日本における「無国籍」児の推移（1984 年〜1996 年）

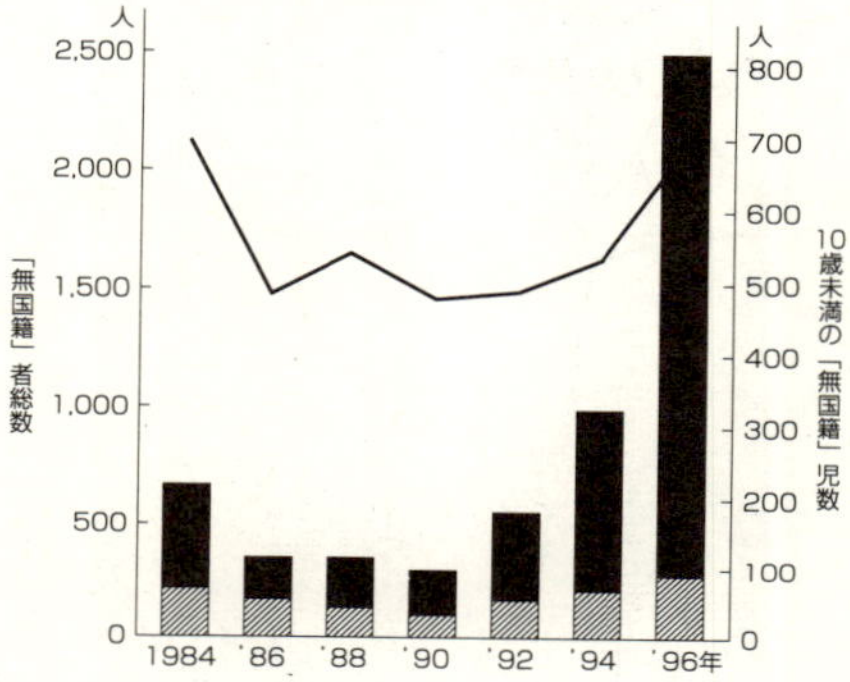

	1984	'86	'88	'90	'92	'94	'96
― 無国籍者	2,128	1,493	1,658	1,476	1,502	1,634	2,109
■ 〜4歳	154	69	79	74	138	266	734
▨ 5〜9歳	71	49	39	29	48	66	86

［資料：法務省「在留外国人統計」より作成］

を受けていない、あるいは受けられない状況にあること

② 劣悪な生活・労働環境とそれに伴う人権侵害

が考えられる。適切な対策がなされなければ、日々、新たにその問題は深刻さを増し、人権侵害が次世代にもわたる。とくに、生まれながらにして子どもが『無国籍』になることは、人間の基本的人権が保障されないことになる。五歳未満の乳幼児が一九九〇年から一九九六年のわずかな六年で、約一〇倍急増して過去最高になっており、各年齢層の中で、群を抜いて数が多くなっている。」

上のグラフは李氏が作成した日本における無国籍者の推移である。

このことに気づいている日本人がどれだけいるだろうか。日本看護協会は一九九三年六月、スペインでの各国看護協会代表者会議（CNR）において、「非合法な滞在のために基本的人権を与えられていない外国人の母親と子どもの健康と福祉を守ろう」という決議案を提出し、それは議場全員一致で採択されたそうだ。

周知の通り、一九九四年「子どもの権利条約」が日本で批准、発効された。一九七四年に「国際人権規約」を批准しているが、この国際法の根幹には「世界人権宣言」（一九四八年）がある。李氏はさらに次のように強調する。

「子どもの権利条約」も国際社会における基本的人権の尊重と保障を基本理念にしており、医療・福祉の分野において内外人平等の原則が適用される。国内法で言えば、「児童福祉法」（一九四七年）、「母子保健法」（一九六五年）が外国人妊産婦および児童にこれらの国際法、国内法が適用され、医療・福祉制度も適用される。「子どもの命に国境はない」とする李氏の主張は正当性をもっているし、日本社会はこの現実を深刻に受け止めるべきだと思う。

外国人労働者受け入れ論争以前に、私たちはこういった緊急の課題がすでに国内に起こっていることを認識し、論議し、解決策を講じるべきではないだろうか。

「子どもの権利条約」を読んで、それぞれの条約が具体的にどのようなことを意味しているかを考えてみよう。

国と自治体の政策の矛盾点を調べて書き出してみよう。

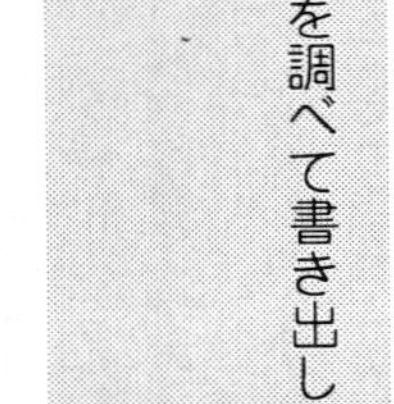

なぜ無国籍の子ども達が存在することになるのかを調べてみよう。

【注】

(1) 李節子編『在日外国人の母子保健』医学書院、一九九八年。
(2) 同、五六ページ。
(3) 倉八順子『ことばとこころのコミュニケーション』明石書店、一九九九年。
(4) 『新宿区生活便利帳』新宿区。
(5) 岩井克人「民族をめぐる二つの書物」石井米雄・山内昌之編『日本人と多文化主義』山川出版社、一九九九年。
(6) 法務省「在留外国人統計」一九九六年の資料では、超過滞在者は約二十六万であり、年ごとに減少している。

第三章　文化的多様性における幼児の人間形成

第一節　ライフサイクルの中での幼児期

グローバリゼーションによって文化的多様性が促進される地域では、異文化間リテラシー（intercultural literacy）を育てる環境の必要性が認識されるようになった。「異文化間リテラシー」を育てる環境とは、どういった環境なのだろう。それは多元的な視座をもち、カルチュラル・アウェアネスを通して言語的にも文化的にも異質な要素をもつ人々と、相互に違いを尊重しながらも、同じ人間として共感し共同生活ができる環境である。

では、日本国内で日常的に異文化の狭間に身をおき、異文化間リテラシーを育てている人々とは誰を指すのだろうか。新宿区の保育園の参与観察によって、保育園の園児こそが、多文化共生を最も自然な形で体験していることを感じてきた。

まず、ライフサイクルの中で幼児期とはどんな位置付けをもっているのだろう。

かつてペスタロッチーは、「人間は話さないならば動物である。話すとき、かれは人間になった。」と述べ、話す能力が人間にとっていかに重要かを主張してきた(1)。

ルドルフ・シュタイナーは、話す能力が幼児期に最も重要であることの理由の一つとして、次のように述べている。

「話すことができるということが幼児を外界へと関係づけるようになる。……話すことを開始すると、幼児が適応する生活圏はより大きなものとなる。この生活圏の拡大は、単に言語というコミュニケーションの手段の習得による対人関係の拡大を意味するのではなく、さらに幼児が母国語を話すことによって『民族性という生活圏』の中に入り込んでいくことを意味する。」

さらに話すことによって幼児は思考力を発達させることができる。「言語が思考をもたらす」としている。

シュタイナーは、感謝の基礎が築かれるのは、誕生から歯の生え変わりまでの幼児期であり、愛の基礎が確立するのは、それから一四歳頃までの児童期であるとしている。感謝の基礎の確立のほかに道徳的な善の形成を付け加えている。態度の育成にも力点を置き、幼児に道徳的にみて、「善い」行為を見せ、善い思いに触れさせ、それを得させることを重視した。……また、幼児は、周囲の人を模倣し、ひたすら没入し、自己を投げ出す本性をもつとも主張している[(2)]。

このように人間形成に最も重要な意味をもつ幼児期に、道徳的にみて「善い」行為を見て、善い思いに触れさせ、それを得させることを日本社会はしているだろうか。

多様な子ども達を長年に渡って受け入れてきた経験豊富な保育園は文化や言語を異にする人々との間に境界をつくらず、対人スキルを学習する態度を培ってきた。それにはどのような日常的な努力を必要としたのだろう。

第二節　保育園に見る幼児の文化的多様性とは何か

九九年、新宿区の公立保育園三〇園に通う外国系園児は約三七六名で、全園児二、〇二一名の約一八％を占めるようになった（一九九九年四月）。

日本人園児の減少と外国人園児の増加は、双方がゆるやかに進み、大久保地区の公立保育園になると、三人に一人、あるいは二人に一人は外国系園児という状況となっている。

次のグラフは、日本の先鋭的な地域の保育園の園児の外国系の親の国籍を表している。

外国系三七六名の内外国籍児童は一七五名で、残りの約二〇一名は日本国籍である。両親が共に外国人である場合が一七九人で、グラフ一のような多様な国の親をもつ。父親が外国人で、母親が日本人が六三名、また逆に、母親が外国人で父親が日本人のケースはその倍以上で一三四名である。グラフ二、三の親の国籍をしばし眺めてみよう。

親の職業、在留資格、滞在期間、日本語の能力もまちまちである。

三つのグラフを見つめて、あなたはどのような保育園を想像しますか。

グラフ１　両親とも外国人の園児の数

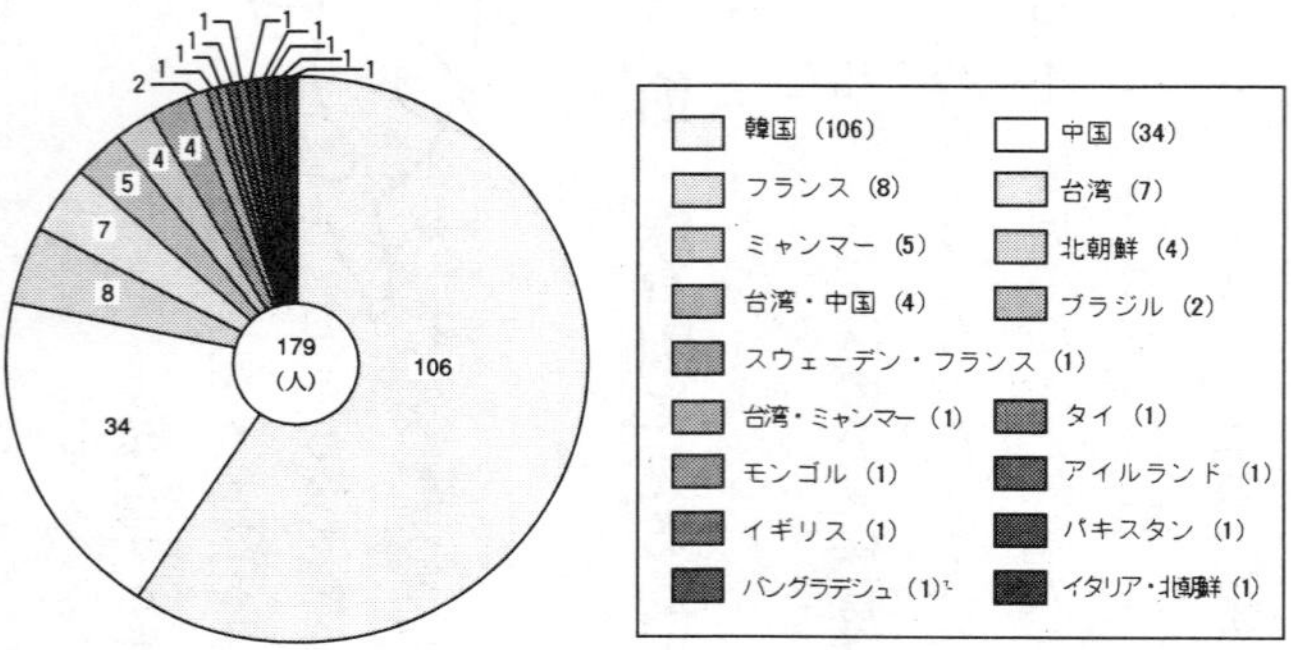
179
(人)
韓国 (106)
中国 (34)
フランス (8)
台湾 (7)
ミャンマー (5)
北朝鮮 (4)
台湾・中国 (4)
ブラジル (2)
スウェーデン・フランス (1)
台湾・ミャンマー (1)
タイ (1)
モンゴル (1)
アイルランド (1)
イギリス (1)
パキスタン (1)
バングラデシュ (1)
イタリア・北朝鮮 (1)

グラフ２　父親－外国人／母親－日本人の園児の数

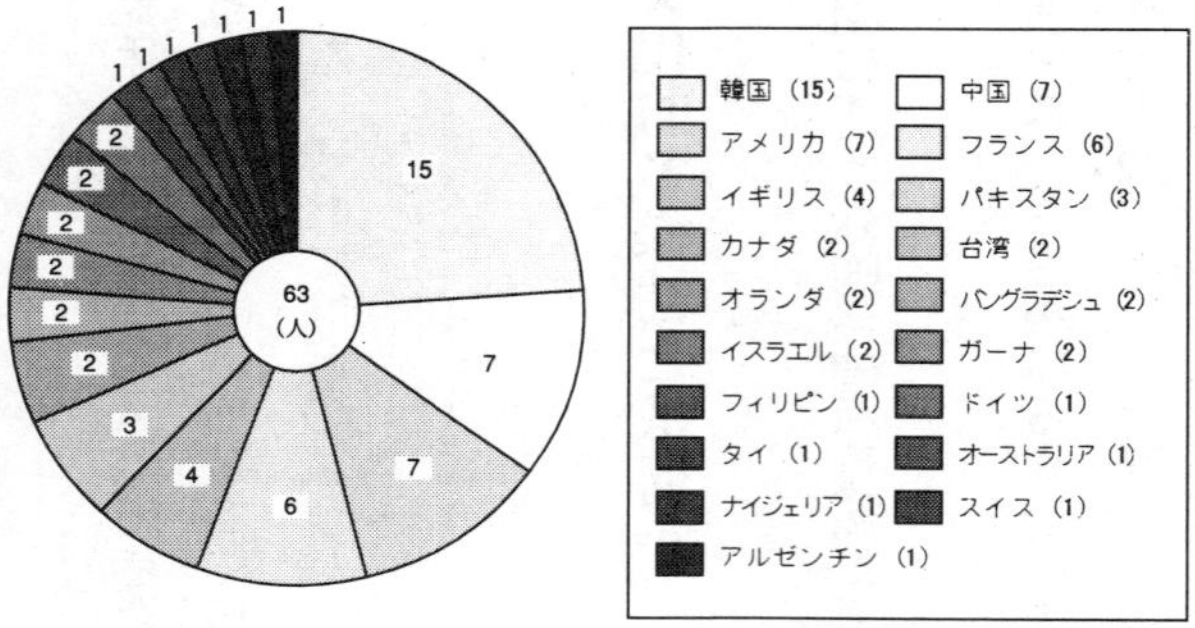
63
(人)
韓国 (15)
中国 (7)
アメリカ (7)
フランス (6)
イギリス (4)
パキスタン (3)
カナダ (2)
台湾 (2)
オランダ (2)
バングラデシュ (2)
イスラエル (2)
ガーナ (2)
フィリピン (1)
ドイツ (1)
タイ (1)
オーストラリア (1)
ナイジェリア (1)
スイス (1)
アルゼンチン (1)

グラフ３　母親－外国人／父親－日本人の園児の数

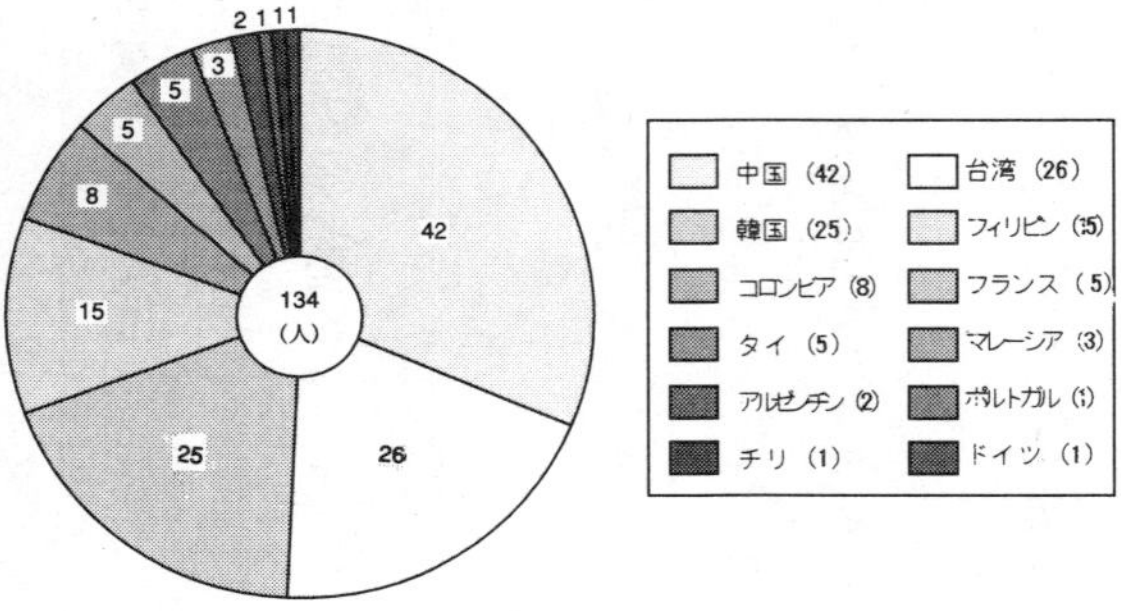
134
(人)
中国 (42)
台湾 (26)
韓国 (25)
フィリピン (15)
コロンビア (8)
フランス (5)
タイ (5)
マレーシア (3)
アルゼンチン (2)
ポルトガル (1)
チリ (1)
ドイツ (1)

新宿区の公立保育園30園に通う外国系の
園児のルーツ（川村千鶴子作成）

これらのグラフから、保育園内部の環境を考察してみよう。親のルーツは、全世界に広がっている。保育園での生活はどのようなものだろう。これだけ多様な文化をもつ園児に囲まれて成長する日本人の幼児は、どのような新しい感覚を身につけているだろう。ここに新しい人間形成のプロセスを見い出すことができるのではないだろうか。

★多様性の錯覚★

ここでまず、読者は大人の視点でこのグラフを見ていることに気づいて欲しい。大人はこれらの国名と人数をあげ、その割合を計算してみると、確かに保育園児の文化的・民族的な多様性をひしひしと感じるだろう。

しかしながら、それは大人のもつ大きな錯覚から生まれた視角であり、一つの民族が一つの文化を内在し、多国籍だから多様なのだというステレオタイピングな見方をもってしまう。

まず、幼児の目線でこのグラフを見つめ、幼児の視線で多国籍の園児が混在している保育空間を想像して欲しい。幼児にとっては国籍や民族性ははっきりと区別できない。このような保育園では何がマジョリティ（majority）の文化で、何がマイノリティ（minority）の文化であるかさえも区別できないし、そういった全体像を見渡すことはできないに違いない。幼児にとっての相互の異なりとは、おそらく国籍

(nationality) やエスニシティ (ethnicity) の違いではなく、それぞれの幼児がもつ本質的な違いではないだろうか。性別、肌の色、髪の毛の質、体格、それぞれの特技、才能、性格、ことばの癖などである。そして送迎する親の顔と言語を認識し、大人の会話を耳にしながら、民族性の違いを次第に認識できるようになる。つまり幼児にとっての多様性とは、必ずしも国籍や民族性ではない。保育園における多文化共生とは、人間のもつ本質的で生得的な多様性に主眼が置かれる。

つまり、「同化」「統合」「共生」といった段階的な流れを体験せず、いきなり「共生」の空間が保育園では創出されていることに注目したい。

幼児は、大人の異文化接触に伴う「不適応」や「カルチャーショック」などを感じるのだろうか。むしろバイカルチュラル人間（二文化人）や多文化的な人間形成に容易に向かうことも考えられるのではないだろうか。

第三節　保育士と日本人保護者と外国人保護者

異文化間教育学の視点からすれば、むしろ保育士と日本人保護者と外国人保護者の大人の三者の連繋に、同化、統合、共生という流れを読み取ることができる。

一九九二年に行われた公立保育園三〇園の主任保育士のアンケート調査の結果、言葉の問題、宗教や保育の違い、医療や保健衛生の面での実にさまざまな戸惑いはあるものの、保育士は外国人児童をあたたかく受け入れ、保育園内部では大きなトラブルは起きていないという結果がでた。保育園は「居住の実態」と「保育に欠ける」状況を確認できた場合は国籍、在留資格、外国人登録の有無などを問わず受け入れてきた。子どもの適応能力を熟知した経験豊富なベテラン保育士たちは九〇年代に入り、「異文化理解」をテーマにして、積極的に意見交換を重ねている。保育士たちは自分の時間を割いて、韓、中、英の「保育の会話集」を手作りで編集した。これは厚生省の外郭団体・日本保育協会の「保育園ガイドブック」（ポルトガル語、スペイン語、中国語、一九九四年三月発行）に先駆けて作成されており、地域の保育士の協力態勢と熱意を示している。日本保育協会が調査した結果、外国人園児が全国で一万人を超していることを発表したのは一九九四年の六月だった。

新宿での五か所の保育園のヒヤリング調査（一九九四、五年）の結果から、保育士と外国人保護者と日本人保護者の三者の連携は、相互依存性の認識を深め、共生の実現に向けて、さまざまな発見や学びのプロセスを実践している。

通常、地域で孤立している外国人は、疎外感やストレスも大きく、民族的アイデンティティを強く感じている場合が多い。保育園では多様な国の人々が互いに学び合うこと、助け合うことが多く、三者の信頼の積み重ねは、そういったストレスから解放され、新たな住民意識を生み出している。

保育士も外国系幼児を受け入れて集団的一斉保育から脱し、個性化の保育へと柔軟に変化している。保育園の基本理念が問われ、多様性を認める中で規則に縛られない保育を実現している。夜間働くことを考慮して登園時間の遅れを認めたり、服装、言葉遣い、しつけの考え方も幅がでてきた。

一年中、Tシャツと裸足で過ごす幼児もいれば、真夏でもジャンパーを着込んで頑張る幼児もいる。国によっては教育熱が高く、もっと厳しくしつけて欲しいという要望もある。短期間の参与観察の間に、ハングルと中国語とフランス語と英語の簡単な挨拶が子ども同士の会話に飛び交っていることを発見した。保育園は一つの部屋が小人数で分かれているが、その一つひとつの部屋にその時々に流行する言語があり、フランス語が流行している部屋では、日本人の幼児も韓国の幼児も「ボンジュール　マダム」と声をかけてくれた。

年齢が進むにつれ、幼児は次第に適応能力を伸ばし、保護者と保育士の通訳を果たすなど、保育士と親たちがその成長ぶりに逆に励まされる光景もある。外国人保護者は日本語の習得能力とその速さに驚いている。保育士の中には、言語の習得過程を丹念に記録したり、連絡帳に記している者もいる。何かを説明した後で「分かった？」と尋ねれば必ずや「分かった」と返事がくるが、実際は分かっていないことが多いことなど、保育士の記録は多文化保育の実践の蓄積となり、貴重な資料である。

一つの保育園にさまざまな文化的背景をもった幼児が成長する中で、主流文化の同化を強いるとは、どういうことなのかを話し合ってみよう。

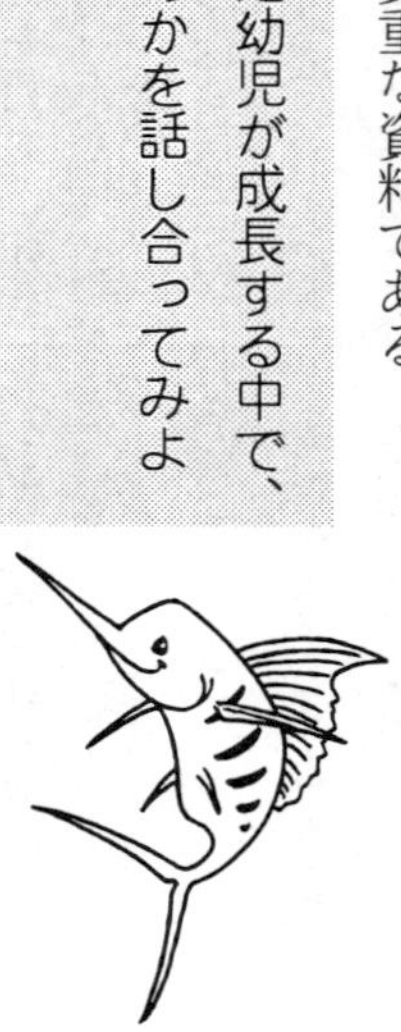

母語と日本語の習得過程、宗教への理解、海外の保育の実情など保育士の疑問に応える適切な研修の機会と時間的余裕をもてるような配慮が必要だ。また的確な医療と保健衛生のためには、医療機関とのネッ

トワークが重要であるだけでなく、多言語の能力が必要であり、外国人が保育士の資格を取り易いように国家試験の改革も急務であろう。国籍条項が外されているだけではなく、彼らの能力を積極的に生かそうとする資格試験の方法を導き出す時期に来ている。

第四節　多民族化した保育園が日本の教育と地域社会にもたらすもの

以上を整理して、多民族化・多文化化した保育園が、日本の教育と地域社会に何をもたらしているかを考えてみよう。その一つひとつが、重要な意味をもっている。

多文化共生の概念を伝える

保育園の多文化化は、欧米中心でなく、本来日本が進むべきアジアを軸とする偏りのない多民族化を表現している。民族に偏見のない幼児期に、韓国、中国、台湾、フィリピン、タイ、ベトナムといったアジアの国々と欧米系の友達が同時にできる。この幼児体験が、バランスのよい世界観を生み出し、多文化共生を促進する素地を創造する。

外国語とは英語だけではない

外国語とは無論、英語一辺倒ではない。「アンニョン」「ニーハオ」「ボンジュール」といった挨拶が自然に飛び交う。受験科目として語学を捉え、暗記に明け暮れた世代からみると、ナチュラル・アプローチが生活の中で展開し、遊びの中で多言語が模倣され、身に付ける過程が発見できる。このような自然な第二言語の習得過程を体験する環境は、従来の日本の社会にはなかった。

生活レベルの異文化接触

これまでの異文化理解教育は、外在化された異文化を一方的に教え込むような傾向があった。生徒は、教師から「共感」「アジアの文化の尊重」「貧困の中の豊かさ」などと新たな価値観を知識として学んできた。保育園では人との出会いと日常生活の流れの中で共感を伴いながら異文化接触が行われて、さまざまな名前を呼び合い、多様な親の顔に親しみ、体つきや肌の色、目の色、言語や家庭環境の差異を生活の中で発見できる。こころの共振が助け合いを呼び起こし、国籍によるいじめや差別に直結しないと報告されている。

葛藤と摩擦の体験

しかしながら、子ども達の間で喧嘩がないということではない。差異は摩擦や葛藤を生じさせ、幼児はそういった体験を通して理解とは何かを学ぶことができる。葛藤と摩擦の体験こそが多文化共生に向ける対話力の育成であり、その過程を保育園に見ることができる。

一つのものさしで図れない世界

それぞれの子どもの個性が生かされることは、外国人と日本人の双方の幼児にプラスに作用している。

日本語の不自由な外国人幼児に対して、日本人幼児が気を配り、協調性を育んでいる。必要に応じ無理のない日本語の習得のために外国人幼児を年下のクラスに入れるなど発展段階に即した保育ができる。

園児の学力に対しては評価をしていない。日本の学校教育が学力というものさしで子ども達を評価してきたことの弊害は、経済力や社会的地位で人間を評価する社会に結び付いてきたといわれている。豊かな社会とはそれぞれの違いを認め合い、尊重できることが基盤になっている社会であろう。卒園式にはそれぞれの民族衣装で集い、心を一つにしたという保育園もある。「対話力」「表現力」「仲良し力」「リーダーシップ」など、新しい指標で幼児をほめている。

外国人保護者に芽生える住民意識

外国人保護者の中には、遠足、運動会などの行事の際、母国の文化を披露する例がある。自信を得た保護者は誕生会で児童全員に母国の菓子を配ったり、保育士に積極的に手伝いを申し出ている。このようなボランタリーな活動は、外国人にとって住民意識を育てる大切な出発点になる。外国人居住者には地域活動に参加するきっかけが少ない。子育ての場で、自分自身が生かされ、役に立つことから、無理なく地域に溶け込める道が開けている。

保育のポリシーが大事であり、規則が大事なのではない

夜間働く保護者の状況を考慮して、延長保育が行われている保育園では、登園時間もまちまちで、登園の遅れを認めている。保育需要の多様化が、規則に拘束されない保育を実現している。一時保育、〇歳児

保育、夜間保育の充実にはさまざまな意見があるが、少なくとも集団的一斉保育から脱し、画一化の保育から多様化の保育へと変化していることは望ましいことだろう。

多民族国家・オーストラリアの保育園では、保育士も移民であることが多く、一国の価値観の規則で児童や保護者を縛るような事は不可能である。他民族を受け入れて発展する国のポリシーがあり、規則には柔軟な姿勢が感じられる。湾岸戦争時には、アラブ系の子どもがいじめの対象にならないようにさまざまな配慮がなされた。

それぞれの保育園の基本理念が問われ、多様性を認める中で規則がつくられていく。多様なニーズに応え、地域の特性を生かし、従来の保育所という形態から脱して、多機能型の保育所を考え、保育内容も保育士や園児のそれぞれの特性を生かした保育園が存在する意義は大きい。このように多民族化する保育園のもつメリットを考えると、日本の社会システムの構築に実に大きな視点をもっている。

日本の地域社会の改善点を認識できる

保育所は地域の未来を映し出す鏡とも言われてきた。地域の連帯の大切さ、外国人との対話を創出する空間は、地域社会の改善点を提言する空間でもある。平和教育の核となりアドボカシーを生み出す生活の場の拠点となることも可能である。換言すれば、地域が子どもを育てるという視点を生み出し、育児ノイローゼで閉じこもってしまう親を救うことにもなる。

このように保育園や幼稚園が多文化することによって、開かれた子育てが可能になることをどのように受け止めますか。

また、幼児の人間形成にとってどのような影響を及ぼすかを話し合ってみよう。

多文化の中で生まれ育ったこれらの幼児が青年期に国籍や民族にこだわる狭量な日本社会を好むだろうか。この子ども達が日本を支えていくことを基盤にして未来を考えよう。

【注】

(1) 広瀬俊雄『シュタイナーの人間観と教育方法』ミネルヴァ書房、一九八八年。

(2) 広瀬『前掲書』

(3) 第三節・第四節は川村千鶴子「国際化する保育園の現状と多文化教育」藤原孝章編『外国人労働者問題と多文化教育』を修正・加筆した。

第四章　対話力を伸ばす教育の実践

第一節　教育を受ける権利と地球の現実

シュタイナーは、歯の生え変わりの七歳頃から一四歳までの期間に、子どもの魂のなかで際立って活動するのは、「感情」であると述べている。子どもは喜び・楽しさの中で生き、感激・感動をもって成長したいと願っている。それゆえに、教師は子どもに喜び・楽しさの感情をふくらませ、感激や感動を味わう体験をもたせなくてはならない。また、この時期に「自然への愛が形成され」、「一般的な人間愛が現われ形成されるのをみることができる」としている(1)。だからこそ、この時期の親子の対話は、格別に楽しく大切なのである。

このことは、現在の日本の教育改革を考える上でも示唆を与えてくれる。学級崩壊、いじめ、校内暴力、非行、犯罪などが頻発するようになったのはなぜか。問題を起こす子どもを排除しても問題解決にはならない。家庭、学校、地域、そして国が教育に関してどのような役割を果たすべきかが論議されても、効果的な具体策が全く出ていない。

それは、子ども達のこころに真摯に向き合い、喜びや楽しさの感情をふくらませる感動の教育が欠如しているからであり、感動の教育とは倫理観を生みだすものであり、実は危機的状況にある地球の真実を教えることから始まるということにも気づいていないからではないだろうか。問題を起こす「いい子像」からはみだした子ども達にも、地球の厳しい現実をそのまま伝え、大人達が、これまで間違ったことを繰り返してきた事実や人間として弱点を抱えていることをも正直に語らねばならない。筆者は、自分の子ども達がこの時期にあった時、多くの日本の子ども達にも地球の大地の美しさとともに「三秒に一人の子どもが命を落としているような厳しい現実」を知らせたいと思った。自宅で地球市民育成の英語教育を始めたのは、八〇年代の初め頃だった。当時はまだ、そのような教育を誰も考えていなかったので、手作りのテキストと海外勤務で集めた地図や絵本、写真、スライド、人形、民芸品などを教材にして、世界の多様な文化を教え、ギターやピアノを弾いて英語の歌を歌い、フォニックスを通して発音とスペルの関係性を教えた。英語劇のシナリオを書いては、大勢の子ども達に英語劇の楽しさを体験させた。日本ユニセフ協会やユネスコアジア文化センターは、さまざまな教材を提供してくれた。

夏休み、筆者は意を決して一一歳と九歳の子どもの手を引いて、日本を脱出し、海外でのホームステイを体験した。子ども達は、初めての異文化体験と地球が小さな惑星であることを日々、作文に綴った。そういった児童期の異文化接触によって、わが家にさまざまな国の人が訪れることを歓迎するようになった。

児童にとって重要なことは、知識の集積よりも異文化接触や異なる文化をもつ人々を受け入れる態度（attitude）の育成にある。対話力とは家庭環境から培う能力であり、対話しようとする態度をほめることが子ども達を勇気づける。親が自然に留学生を受け入れれば、子ども達は肌の色の違う、異なる言語の留学生に対して恐怖心をもたなくなる。この異質な人々に対する「恐怖（fear）」から解放されることが、その子の人生にとって大切な性格を形成する。

そして、態度の育成された児童に、地球の現実を伝え、共に考え、感性に訴えることは、子ども達の学習意欲に結びつき、学力の向上に繋がり、その後の人間形成に大きな力になる。

子どもは、大人に負けない純粋な正義感をもち、判断力をもち、大人と対等に語り合い、行動する力をもっていることを感じてきた。子どもは地球環境の理解と共に「対話力」を伸ばすことができることを実証してくれた。それが、多文化教育を継続する原動力となった。

地球の現実をどのように伝えることができるだろうか。すべての子ども達が教育を受ける権利をもっているにもかかわらず、教育を受けることもできず、対話力を伸ばすこともできずに忘れ去られている子ども達が存在することについて、語り合ってみよう。

■リタラシーの力がないと対話力は生まれない■

「すべての人は、教育を受ける権利を有する。教育は少なくとも初等および基礎的段階においては無償でなければならない」と「世界人権宣言」の第二六条は訴えている。その第二節では、「教育は人格の完全な発達ならびに人権および基礎的自由の尊重の強化を目的とする」と規定している。ユニセフの「基礎教育」の定義には次のことも述べられている。

「経済的・社会的・文化的権利に関する国際規約（国際人権規約）」によれば、第一三条一……この規約の締約国はすべての人が教育を受ける権利をもつことを認め、教育が人格およびその尊厳を発達させ、人権および基本的自由の尊重を強化することを目的とする。第一三条二……締約国はこの権利を実現するために、初等教育を義務化し、すべての人が無償で初等教育を受けられるようにするものとする、と謳っている。

さらに「子どもの権利条約」では第二八条、二九条で教育を取り上げ、第二八条で子どもが教育を受ける権利をもつことを認め、すべての人が無償で義務教育を受けられるようにし、すべての子どもの尊厳を守り、教育に対する国際協力を促進することを求めている。

第二九条は政府に対して、教育を通じて個々の子どもの能力を可能な限り最大限に発達させ、子どもの親、文化的アイデンティティ、人権を尊重することを求めている。

この条約の一般的原則は教育にも当てはまる。非差別の原則が重要なのは、すべての子どもが質の高い教育を受ける同等の権利をもつためであり、すべての子どもが性、宗教、国籍、民族、社会的出身にかかわらず、この基本的権利を享受できるようにする必要がある。

子どもの最善の利益という原則は、教育を受けることがすべての子どもの最善の利益になるためであり、教育が個々の子どもの最善の利益を第一に考慮して行われなければならないためなのだ(2)。

これだけ世界が念を押して確認し合い、法的な効力をもって、「子どもの権利条約」に謳ってきたにもかかわらず、この地球には一億三、〇〇〇万人もの未就学の子ども達がいる。ストリートチルドレンや労働する子ども達、戦争にかりだされる子ども達、忘れ去られた子ども達の姿が、二一世紀も消えることはないのだろうか。この現実を家族で話し合ってみよう。

ここで、あらためて「基礎教育」がなぜ必要かを再考してみたい。

ユニセフは、基礎教育とは、出生と共に始まり生涯にわたって続く学習の基礎になる知識、価値観、技能の組み合わせであり、識字と算数が基礎になると述べている。それらを習得することで、急速に変化する経済的・社会的環境で生きるための知識や生活技能を習得することが可能になる。生活技能には助け合い、意思の決定、創造的思考という社会的能力を身につけることが含まれている。

つまり価値観や行動に関する教育でもある。

生活技能は、子どもが自分の生存や福祉の問題に取り組むのに必要で、これには保健・栄養・衛生の知識が含まれる。初等教育は基礎教育の中の最も重要な要素で、子どもが生涯を通じて学習するのに必要な基礎的な識字と算数能力を習得するためには、少なくとも四年間の就学が必要であるとされている。換言すれば、子どもは第五学年までに中途退学すると、それまでに習得したとしても、結局は非識字に戻ってしまうとユニセフは報告している。

読み書きができない人はさまざまな権利を奪われる。それらの人々は自尊心や社会的地位が低いことが多い。何らかの理由で教育を受ける権利を侵されている子ども達もそうだ。児童労働者が厳しい肉体的要求にさらされ、心理的ストレスを受けていることがそれを物語っている。無就学の子ども達に具体的にどんな教育支援ができるかを考えてみよう。

第二節　家庭でできる対話重視の教育支援

同じ時代、同じ地球の大地を共有している子ども達はみんなわが子である。家庭の垣根を超えて、一九八二年フィリピンのイロイロ市の子どもを里子として教育支援することに決めた。わが子と同年の一一歳の男子レイナルドが紹介され、文通による対話が始まった[3]。

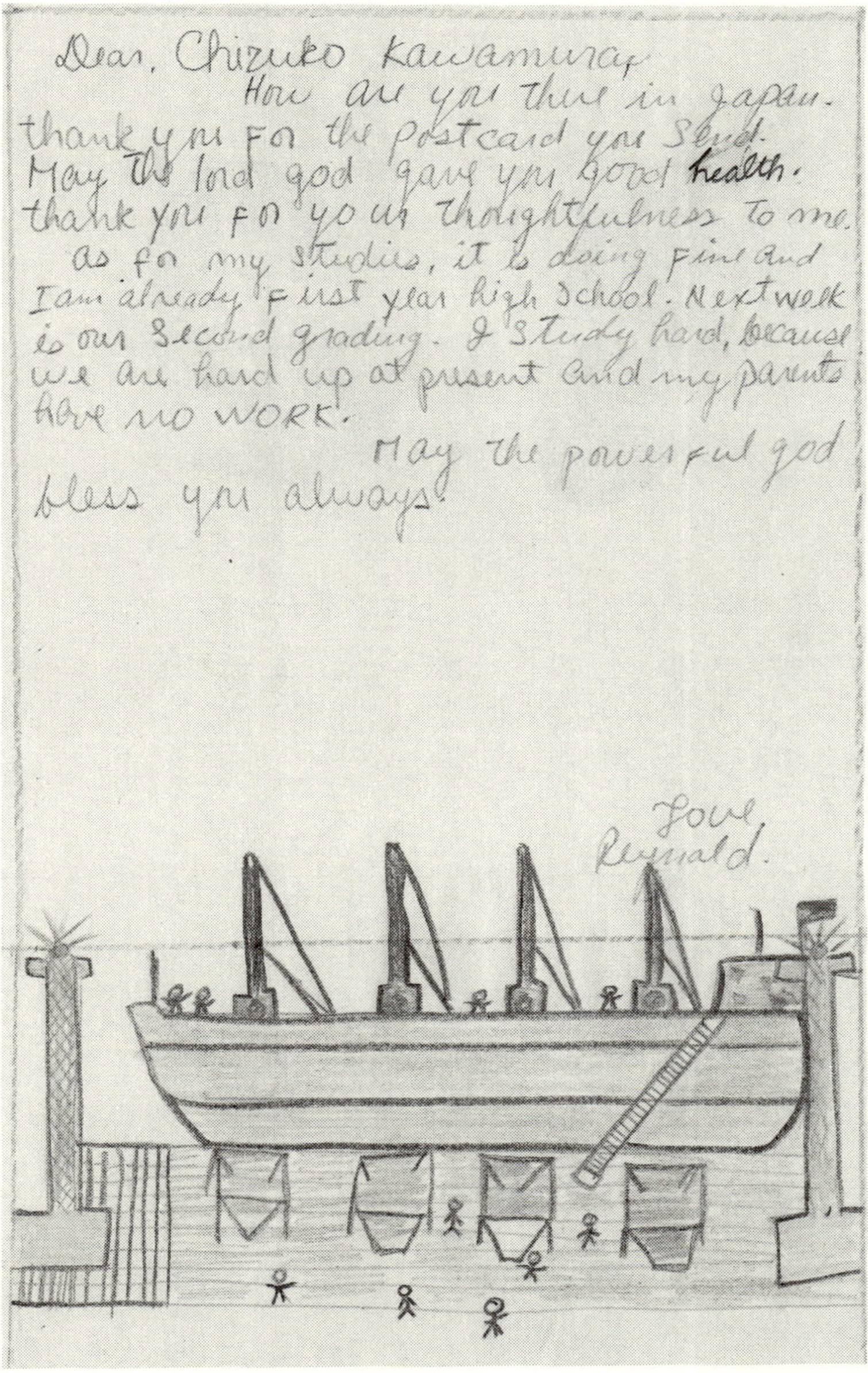

Dear, Chizuko Kawamura,
How are you there in japan.
thank you for the postcard you send.
May the lord god gave you good health.
thank you for your thoughtfulness to me.
as for my studies, it is doing fine and
I am already first year high school. Next week
is our second grading. I study hard, because
we are hard up at present and my parents
have no WORK.
May the powerful god
bless you always.

Love,
Reinald.

レイナルドからの手紙

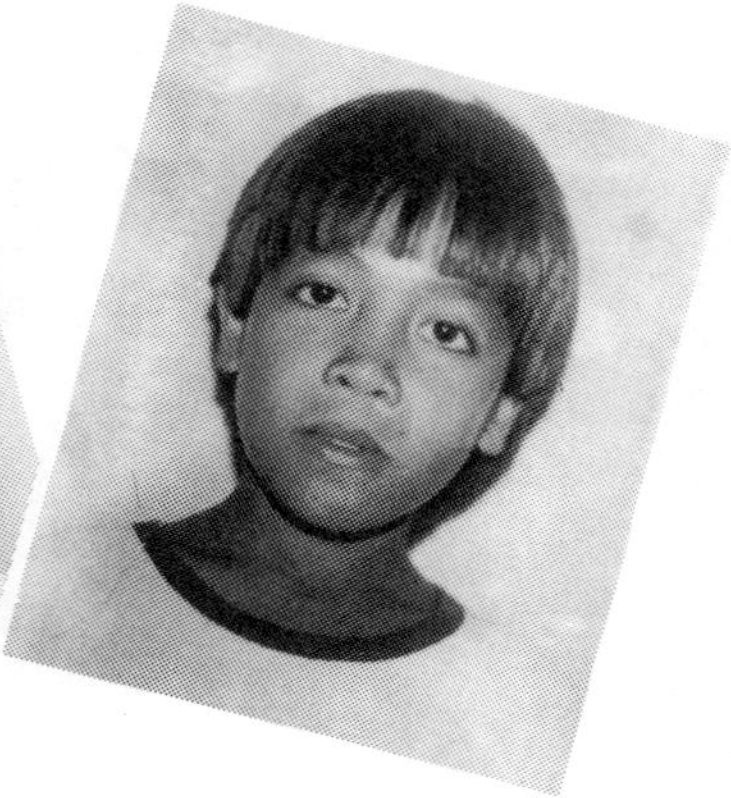

一番目の里子　レイナルド

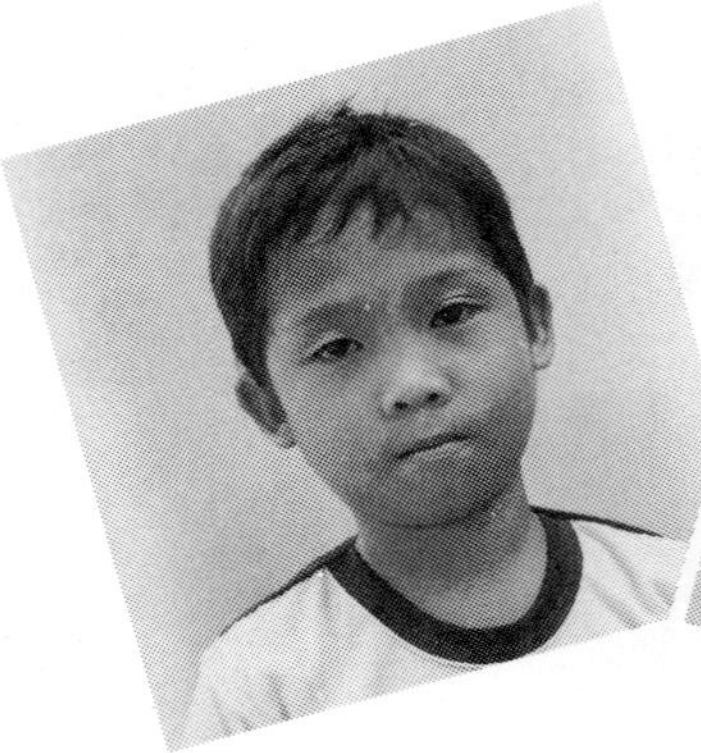

二番目の里子　アマンド

息子には新しい弟ができた。

「レイナルドの家は、どこにあるの？」

フィリピンの南の島、パナイ島の首都イロイロ市にあるバリオ・オブレオ部落は海辺の埋め立て地で満潮時や大雨の時には、高床に建てられたバラックの下に海水が流れこむ。田舎から職を求めて集まってきた人達、市中の大火で焼け出された人々が住んでいる。耕す土地もなく、人々は港の船着き場で荷役をしたり、物売りなどで、その日暮らしの生活をしている。

「お父さんとお母さんは何をしているの。なぜ、学校に行かれないの」。レイナルドの父親は港湾労働者として働いていたが、臨時雇いなので収入は不安定で少ない。母親も魚を売り歩いて家計を助けていたが、二人の収入を合わせてもレイナルドは学校に行けない。彼らは竹とニッパヤシでつくった家に住んでいる。

ついに文通が始まった。

通信簿によれば、レイナルドは栄養不良だが素直で人なつっこく、野球や絵を描くのが好きだ。あどけない彼の写真は、わが家の居間に飾られた。レイナルドの手紙はいつも感謝に満ち丁寧な英語で書かれ、色えんぴつのスケッチが添えられていた。毎月、学費は小学校を併設したアサンプション・ソシオ教育センターに送金された。

一九八八年、レイナルドがめでたく小学校を卒業した。学力は向上し、健康になり、家族とセンターからこれまでの支援への礼状がきた。それは、レイナルドとの惜別の手紙でもあった。センターにはもっと大勢の困窮した子ども達がおり、支援は他の子ども達に回したいという申し出だった。断念せざるを得なかった。中学に進学せず、働くことになるのだ。私は次の里子、アマンドを受け入れた。

こういった誰にでもできるささやかな支援は、家族の視点を広げ、対話を創造し、親子の関係性をやさしいものにする。お互いに第二言語である英語を通して文通し、ことばに感動し、別れの辛さを共有し、学校教育の尊さと世界の子どもの実情を身近に学ぶことができる。

それだけではない。物に溢れた便利な生活の中で、日本の親が到底教えることのできない命の大切さと人間愛をレイナルドとアマンドは引き受けてくれたと感謝している。

わが家の子ども達は、青年期になるとそれぞれカンボジアの識字教育（寺子屋の建設）やネパールなどに大きなリュックを背負って出向いていった。真っ黒に日焼けして帰宅した子ども達は一段とたくましく、人間として大きくなったような気がする。人と人とのふれあいの楽しさを伝えてくれる。そんな生き生きとした対話が交せるのは、地球の大地のお陰に他ならない。

「地球の現実」は、命の大切さを教えてくれる。湧き上がる正義感を言葉で表現し、他者に伝えようと努力し、南と北の相互の関係性を学問として学ぶ動機づけになっていく。地球環境への危機感、人権に根ざす正義感、そして向上心が子ども達の学習意欲を湧かせる。親の役割とは、そういう子どもの正義感を茶化したりせず、真摯に子ども達を誇りに感じていることを照れずに伝えることではないだろうか。

子ども達は一八歳になると完全に自立し、筆者はその後、日本各地の大学、小学校、市民講座、NGOフォーラム、自治体の職員研修などで、開発教育の実践を続けた。

開発教育（development education）とは、人類社会に共通な課題、つまり低開発について、その諸相と原因を理解し、地球社会構成国の相互依存性のついて認識を深め、開発を進めていこうとする多くの人々の努力や試みを知り、そして開発のために積極的に参加しようという態度を養うことをねらいとする学校内外の教育活動である(4)。

バブル経済に躍る贅沢な暮らしに慣れた参加者が、文化の深遠さを知り地球の現実を学ぶことを通して、自分自身に深く向き合う時間をもった。民族的偏見や差別意識とは、無意識の内に生まれ深層に潜んでいる。そのことに気づいた時、自分自身の成長（development）を感じ、ほんものの豊かさとは何かを語り始める。一つひとつのことばが息を吹き返すのを感じた。あらゆる年齢層を対象に対話重視の講座を展開した。

文化相対主義（cultural relativism）とは、文化には優劣の差がないことをお互いに確認し合うことだ。ともすると自分が慣れ親しんだ自文化中心主義・自民族中心主義（ethnocentrism）になってしまう。それを攻撃するのではなく、それとなく気づきあうのがいい。「気づき愛」（Awareness）を大切にしようというのが、筆者流の開発教育の主旨である。

第三節　地球市民のための「創造する対話力」の育成

(一)　援助や交流事業は、お金だけではできない。対話がないと意味がない。

一九八九年から日本は世界最大の援助国（トップ・ドナー）となっていた。政府開発援助（ODA;Official Development Assistance）は、発展途上国に対して直接援助を行う二国間援助と国際機関を通じた援助が実施されている。二国間援助は、贈与としての「無償資金協力」「技術協力」そして貸し付けの形をとる「有償資金援助」（円借款）とに分類される。

「無償資金協力」は、外務省と国際協力事業団（JICA;Japan International Cooperation Agency）、「技術協力」は国際協力事業団、そして「有償資金協力」は「海外経済協力基金」（Overseas Economic Cooperation Fund）のことでＯＥＣＦと略される。

援助とは、こころが伴っていなければ意味がない。こころを表現できるものは、対話でありことばである。日本はトップドナーではあったが、対話の努力はあまりにも足りなかった。世界からの評価がなかったのは、対話の欠如に他ならない。また、援助がどのように使われ、どのように世界にばらまかれているのだろうか。はたして本当に有効に使われているのだろうか。途上国と日本との関係をどのように捉えていけばよいのだろう。

(二)　これからは日本だけではやっていけない。―開発教育の意義―

開発教育の目標は、人々がそれぞれの地域社会、国そして世界全体の開発に参加できるようにすることである。参加には地域社会や国、国際社会の状況を、それぞれの社会的、経済的、政治的手続きを理解した上で、批判的に自覚することを包含する。開発教育は先進工業国、発展途上国双方における人間の権利と尊厳、自立そして社会正義の問題に関連する。それはまた、低開発の原因と開発がもたらすものへの理解を深めること、新しい国際経済、社会秩序達成への道とも関連する。国連合同委員会は一九七〇年に開発教育をこのように定義していた(5)。

筆者は、市民講座を通して、欧米各国で取り組まれた開発教育の歴史を、一九六〇年代に遡って解説し、その意義を説いた。「対話力育成」に主眼を置いて、社会人講座や市民講座、研究会などで開発教育を展開した。人権、環境、平和、人口、開発、女性といった一連のグローバルな教育の意義を認めて、社会教育の中に位置付けていこうとする運動でもあった。世はまさにバブル経済の最中であり、地価の高騰に目を見張り、新宿では地価の路線価が日本一、否、世界一を記録するなど、金銭感覚が麻痺していく。女性達の話題も、投資だった。そういう中で、地球環境に射程をおいた開発教育に価値を見い出し、自治体に開発教育の実践を働きかけてきた。当時、「開発」ということばは、デベロッパーがブルドーザーで土地を開発するという意味でとられることもあった。また「教育」ということばも、年輩者は知識の流入型をイメージしてしまう。そこで筆者は「グローバル・アウェアネス（Global Awareness；地球規模の気づき愛）」と名付けた。

(三)　汗を流す楽しさを感じよう。－民間の国際協力とグローバル教育－

ＮＧＯとは non－governmental organization の略で民間の国際協力団体を指している。一九六〇年代から日本のＮＧＯ活動は開始されたが、九〇年から九三年にかけて一四三団体が設立され、九六年の時点で三六八の団体が活動している。途上国で援助を最も必要としている最貧層、あるいは被抑圧者の生活向上のために活動していたり、スラムの子どもや少数民族の子どもへの支援に焦点を当てたＮＧＯも多い。

西早稲田にはＮＧＯ村と言われる一角がある。その中にバングラデシュを支援するシャプラニールや開発教育協議会の本部もあった。そこで働く青年達が日本のＯＤＡの援助政策の欠点も説明してくれる。また彼らの活動の苦労も生の声を通して、地域社会に届けることが重要な役割であることを感じる。地域が世界との相互依存関係にあり世界の信頼を吸引する街であることを認識し、日本人であることを誇りに感じる参加者が多い。

開発教育、グローバル教育の実践の結果、アンケート調査から参加者の意識変化、ライフスタイルの変化が顕著に表われた。参加者はさまざまなボランティア活動に積極的に参加するようになり、新聞やテレビを観る視点が変わる。夫婦、親子の対話の時間が増える。英語やハングル、中国語など語学の習得に力を入れる。世界を知って日本社会を再考するきっかけとなり、対話を通して自分の意見を発表し、政治、経済、国際間の動きを多面的に捉え、分析力や考えを練り上げていく思考力をつける。欧米志向型ではなくアジア太平洋地域の文化に親しみ、文化人類学、地誌学などにも興味をもつ。南北問題の知識と理解を深め、留学生を家庭に招くようになる。

このような教育は、大学生が偏差値にこだわり、社会人は会社の名前や職種に意識が非常に強かったことに気づきを与える。アクティビィティを通して、肩書きから解放された裸の自分を感じる雰囲気は新鮮であった。青年海外協力隊のOB、OGたちがメンバーに加わっていたこともあって、「技術援助」の実態や苦労の体験談を聴く機会も多かった。

また、世界最大の援助・協力を行っているのは国際連合である。その専門機関であるユネスコ、ユニセフ、国連開発計画、世界銀行、世界保険機構（WHO）などが、さまざまな国際援助を展開している。

援助とは何か。話し合ってみよう。
また日本にはどのような海外協力NGOがあるのかを調べてみよう。
NPOとは何かを調べてみよう。

(四)　家庭でできる開発教育と多文化教育の実践―筆者からの提案―

一九八〇年代、日本人は海外でエコノミックアニマルと呼ばれながら、自分たちのどこが狂っているのかを考えようともしなかった。対話力は語学力とは違う。真摯に真正面から対話する気概のある日本人に出会うことがない。外国人が来れば、料亭で接待することしか思いつかない。日本人はなぜ、家庭に外国人を招いて、心の琴線に触れるような意味のある内容を夜がふけるまで対話してみようとしないのだろう。もっと人間的なつき合いができないのだろうか。ホームステイ受け入れノウハウを綴り、家庭内のコミュニケーションの重要性とその意義を提言したのが拙著『外国人をホームステイさせる本』（中経出版）であった。その本は地方の読者のこころを捉え、ホームステイやホームヴィジィトを中心とした国際交流事業は日本全国で盛んに展開されるようになった。そういった交流事業の指導に出向くようになって、いろいろな気づきがあった。日本の多くの親は、子どもが有名校に入っていることが最も重要であり、子どもの対話力を伸ばそうとする教育には無関心であることや、「市民」を育成する姿勢が学校にも家庭にも地域社会や企業にも欠如していることを感じるようになった。

多文化教育や開発教育は、家庭でできる。誰にでもできる。そういう視点と時間をもつように心掛けよう。たとえば、次のような実践例を一つでも実行してみると家庭や学校に対話の空間ができる。

- テレビは家族一緒にみよう！

　マスメディアを通して知るさまざまな世界の事情を、地域の外国人とともに自分の問題として身近かに感じ、対話を通して世界的視点（global perspective）をもつことの楽しさを体験できる。

- 食卓に並ぶ食材について語り合ってみよう！

　さまざまな民族、その文化、文明、価値および生活様式に対する理解と尊重の気持ちをもつことによって、国内にいる外国人にも同じような気持ちを自然にもつことができる。

- 家庭に留学生を招いてみよう！

　人々の間に世界的な相互依存関係（global interdependence）が増大していることを認識し、日本が果たすべき役割について真剣に話し合う気持ちになれる。

- 遊びの中でコミュニケーション能力を高めていこう！

　インターネットや電子メールで世界と交信できる能力を評価し合うことができ、家族で楽しめる。

・まちづくりの行事に参加しよう！

市民とは、人間としての権利をもっているだけでなく、個人、社会集団および国家の一員としてそれぞれに負うべき義務があることを対話の中で認識できる。責任感を育てる教育をしよう。

・国際的な連帯および協力についての理解をもつだけでなく、今後どのように自分が積極的に関わっていけるかを考え、その道を模索しつつ対話が広がる。

「市民になること」は決して難しいことではなく、このように道徳を身につけて、礼儀を知ることから始まる。一人ひとりが自分の属する社会、国家および世界全体の諸問題の解決に参加する「市民意識」を培う。

(五)　教師中心から児童・生徒・学生中心の授業の展開　―対話力育成の教育の実践―

「え、そんなこともあるの。」

「なぜ、そうなるの。」「どうして、そんなことが起きたの。」

「これからどうしたらいいのだろう。」「何ができるかな。」

「やってみようよ。」

参加者の目が対話を通して輝いてくる。

平成元年から、筆者はあちこちの学校教育での国際理解教育のファシリテーターを体験してきた(6)。また社会人講座で参加型の異文化理解、環境、開発、人権、平和教育の講座を担当し、いくつかの大学で、多文化教育の実践をしてきた。大学のゼミナールは、対話力を徹底的に鍛える場であり、論理的、批判的、創造的な対話力の育成に主眼を置くことによって、学問の途を拓いていく場である。

二一世紀の教育は、教師が知識を流入するのではなく、「対話」を通して問題意識を喚起し、学生たちは自分で調査研究し、解決策を探究する時代である。その出発点にあたる「対話」ができずモノローグしかないと、大学は学問の場として楽しくない。子どものうちから対話力を鍛え、大学は、対話力のある受験生を評価していくべきだと思う。

異文化理解、環境教育、人権教育、開発教育、平和教育といった一連のグローバルな教育は、目的を明確にし、リソースパーソンと主旨を話し合い、講師自身も自分史を振り返りながら準備を進めよう。また、参加者や児童・生徒は異文化を知る楽しみをもち準備を進める。他の教科学習との連繋も大切だ。教材は、日本ユニセフ協会、ユネスコアジア文化センター、青年海外協力隊本部、各大使館などの協力を得た。

このような授業は、自由に語る空気を創るプロセスが大切であり、対話を通してみんなが地球の仲間であり、最終的にはゲストではなく同じ仲間であることを確認し合う。

一連の理解学習に参加したリソースパーソンは、異国で母国の文化を教え、自分自身を振り返るプロセスにこころの広がりと人格的な成長を感じていた。文化の捉え方はそれぞれが違う。参加者の質問や対話を重視し、満足のいく解答を導き出すことの難しさを認識した。主役は生徒自身にある。民族衣装を着たり、踊ったり、食べたり、ビデオを観たり、そうした活動の経過の中で、地球市民的な意識、態度が如何に育成されるか。リソースパーソンの感想を記録しておくことも大切だ。

二〇〇二年から「総合的な学習の時間」が全国の公立小学校で始まる。生徒の心の中に Heart to heart! の繋がりがどう形成されるか、それをどのように評価することができるだろう。

㈥ 小学校での国際理解教育が何をもたらしたか？

- 世界には異なる気候風土の中で、異なる文化をもち、異なるライフスタイルをもっている子ども達がいることを知って、多様性への認識を高める。好奇心をふくらませることができた。
- 家庭生活や学校生活の中で子どもの役割の多様性を感じ、自分の生活を見直すことになる。多くの場合、自分が家の手伝いをあまりしていないことに気づく。多くのリソースパーソンが、子どもの頃の家の手伝いの厳しさを語ってくれた。
- 青年海外協力隊の活躍を知り、日本の海外協力への実績に感動し、弱い者をいじめることは、地球時代の精神に反することを学ぶ。

ペナン共和国からの留学生の話に聞き入る日本の小学生。植民地支配の歴史から仏語で教育を受ける彼の母国の様子を聞き，自分たちがいかに恵まれているかを知る。

「弱い者いじめはいけない」と言うより、「弱い立場にある人々を一生懸命支援している協力隊員は、勇気と能力があり、世界から尊敬される人々です。」と伝える方が、はるかに効果的である。

・交流活動を通して、自分もいつかは訪れてみようとする希望が湧く。世界には実に多くの言語が存在していることを学び、言語の重要性を認識する。特にリソースパーソンが、たどたどしい日本語で、質問に答えたりした時、ほとんどの子ども達は、リソースパーソンの日本語習得の努力に感動する。

・リソースパーソンを通して、地域には多くの異なる体験をもった人が住んでいることや、クラスにも外国籍や外国系の子ども達がいることを認識し、仲良くなるきっかけをつくる。

・態度の変化。手紙を書いたり、積極的に交流しようとする態度を養う。パソコンは貴重な道具であることを知る。地域の多民族化、多文化化を受け止める素地ができる。

・自分が地球市民の一人であることに気づきを与える。自分は問題解決のために何ができるかを考える。

・対話の大切さを認識する。対話することに恐怖を感じなくなる。反対意見を堂々と言えるようになる。

教師自身も多文化教育が対話重視の授業を生み出したことに驚いていた。

㈦ 注意点！　このようなメリットを指摘できるが、反対に難しさを痛感する点も多々ある。

断片的な話から、一つの国のステレオタイプ化が進んでしまう。

特に小さい国の出身者は、「〇〇人は……」と言って括ってしまう傾向がある。断定しない表現力が必要だ。ほとんどの国の文化を偏りなく表現することは大変難しい。その地域の経済的貧困が全面的に出ているビデオ教材が多い。また非民主的な現実をそのまま伝えることの難しさなどを感じてきた。これらの困難や危険性を伴っていることを児童や教師に正直に伝える必要がある。形式にこだわらず、急がず、お互いの顔を見ながら対話してみよう。

【注】

(1) 広瀬俊雄『シュタイナーの人間観と教育方法』ミネルヴァ書房、一九八八年。
(2) ユニセフの「基礎教育」の定義を参照した。
(3) ＣＣＷＡ国際精神里親運動部のシステムによりレイナルドが紹介された。一か月の教育費は四千円だった。グループで一人を支援するようなこともできるそうで、生徒たちがクラスで支援している例もあった。文通ができたことがすばらしい。
(4) 開発教育協議会による開発教育の定義。
(5) 金谷敏郎「開発教育とは何か」『第三世界と日本の教育・開発教育基本文献集一』開発教育実践研究会、一九八五年。
(6) 主な実施校は都内の公立小学校、大学。海外では、北マリアナ自治領サイパンのガラパン小学校、トンガ王国ではトンガタブ公立小学校で実施した。リソースパーソンには、地域に在住する世界一七〇か国からの人々に依頼した。

第五章　多文化共生型まちづくりの形成過程

第一節　多文化共生型まちづくりとは

多文化共生社会の航海術とは、どんな舵取りが必要だろう。
多文化共生型まちづくりとは何だろう。
いよいよフィールドワークに出かけよう。

多文化共生型まちづくりとは、多様なエスニシティを包含した地域コミュニティが、世代や価値観の違いを乗り越え、障害者にも優しいバリアフリーのまちづくりを目指し、さまざまな葛藤と格闘の経験から生まれる信頼関係に基づくまちづくりの過程である。本章と次章では、筆者がフィールドワークを行ってきた新宿区大久保地区の例を紹介したい。この要塞のようにそびえ立つ都庁舎の足元で、言語的文化的に異なる人びとを受容し続け、軋轢や反目が交錯する時期を耐え、寛容の精神を培ってきたのは、そこに住む地域住民であり、日本に移住し、そこに生活の拠点を置き、住民となった外国人の努力でもある。

異文化接触の機会が増すごとに相互に差異を認め、人権を尊重し、協力的に共存の道を模索してきたプロセスをここで想起してみよう。グローバル化によってひき起こされる在来文化と外来文化のせめぎ合いの中で、多様な人々がどのような対話を重ね、どのような知恵を出し合ってまちづくりを展開してきたのだろうか。これは、都市環境の創造の過程を知るフィールドワークでもある。

ここでは八〇年代から外国人が集住した新宿区大久保地区を一つのモデルとして考察している。新宿区大久保地区は日本一の歓楽街・歌舞伎町に隣接した特殊な地域であり、日本の標準的なモデルにはなりにくいとする考えもある。しかし必然的に外国人を受け入れた地域住民がどのようなまちづくりを展開し、多文化共生社会の創造の過程でどのような能力を身に付けてきたのかに着目すると、この街の文化変容と多文化共生社会への意識の変遷は、日本社会が体験するであろうさまざまな普遍性を示唆していることに気づく。そして日本のどの地域でも本質的にはこの地域が体験したような決して平坦ではない変遷を経て、多文化共生型まちづくりを実現していくであろうと予想できる。

今まさに論議の的となった日本における多文化主義の可能性は、日本の地域社会の多文化共生社会への変遷に焦点を当てることによってその問題点と課題を明らかにすることができる。その意味で、新宿区大久保地区の事例は、日本人の日常的な暮らしの中に生起する問題をどのように解決してきたのかという点で、少なくともイギリス、アメリカ、カナダ、オーストラリアなどの事例よりも極めて示唆的である。

外国人の増加はきれいごとではなかった。その厳しさを味わいながら、地域社会が「多文化主義」を知り、混乱し、理解し、受容し、不安を感じ、さらに志向し支持していく過程を振り返り、導入期、第一成長期、彷徨期、第二成長期、そして成熟期への道程として捉えた。

第二節　導入期〈開かれた回路〉

川村千鶴子編著『多民族共生の街・新宿の底力』より

一九七〇年代、新宿区大久保地区の住民は、町名改名で「中央新宿」を打診され、この地区こそが新宿区の中央に位置していることを再認識した。都庁の移転もあり、「中央新宿」の名称は商業や経済の発展にふさわしいものを感じさせる。

しかし、徳川幕府の正保年間（一六四四～四七）の豊島郡図に大久保村があり、江戸時代からの由緒と伝統的な御鉄砲百人組に深い愛着を感じていた住民たちは、その歴史を誇り重視し、改名しないことを決めた。商業地区としての発展よりも緑に囲まれた住み心地のよい住宅地を保持することを選択したのである。そのころ住民は、ここが、アジアからの移住者の窓口的な役割を果たし、多文化・多民族が集住する日本における先駆的な共生地区になるとは予想していなかった。

新宿区の人口は約二六万人だが、ここに一〇〇か国に近い多国籍な人々が二万人以上も暮らし、九〇年代に入ると大久保地区では登録上五人に一人は外国籍という多民族・多国籍の街として全国に知れ渡る街になるとは夢にも思っていなかった。

なぜなら、この地区の人々にとって留学生や外国人労働者を必要としたり、呼び寄せたいという希望や発想はもともとなかったし、自治体も特に外国人居住者を歓迎する積極的な働きかけはしてこなかった。八〇年代に入ると、地域の人々は外国人の増加を肌で感じるようになる。アジアからの就学生、留学生が多い。新宿区には一五〇校もの日本語学校が林立していた。

木造建てのアパートやマンションに留学生が増える。この地区には留学生、就学生に親切で世話好きな住民や親切な医師が多かった。エスニックレストランが点在するようになると、近所付き合いそのものが異文化交流となり、ベトナム、タイ、韓国の料理などを日常的に味わえる食文化の街を感じた。

商店街組合は、外国人を受容し、共に発展しようとする前向きな態度を示した。大久保通りは、通称「国際通り」と呼ばれ、昼間は五か国語の街の情報放送が通りに流れた。

★共に学ぶ街の文化★

では、ニューカマーを受容するホスト社会の寛容さはどこから生まれてきたのだろう。

新宿の歴史を紐解いてみると日本の多文化共生社会の原点と言うべき多様な共生の接点と共に多数の異文化交流のエピソードを発見できる。その幾つかを紹介しよう。

大久保地区の特徴は、細い路地が短冊状に並び、ツツジに囲まれた閑静な街でひっそりと学ぶには最適な場所であった。

明治から大正にかけて、中国革命の父・孫文は、大久保地区で亡命生活を送り、宋慶齢と百人町の梅屋庄吉邸で結婚式を挙げた。梅屋庄吉は自宅で明治三〇年代には孫文とフィリピン独立運動のアギナルド将軍と引き合わせたり、インド独立革命党の志士、バルコトラーとボーマ・シン・ジャキーと会談させるなど、大久保地区が世界の提携に一役を担っていたことが分かる。

胡漢民、蔣介石ら日中交流史を飾る人物の多くが大久保を中心に住んでいた。早稲田大学、法政大学、陸軍士官学校、弘文学院など優れた学校や大学が点在し、清国留学生会館など留学生を受け入れる施設が整い、外国人を物心両面で支援する人々の存在がある(1)。

明治三三年から小泉八雲（ラフカディオ・ハーン）がこの地で晩年を送り、『怪談』『日本―一つの試論』をここで執筆し、早稲田大学で教鞭をとり、二人の子どもを大久保小学校に通わせ、保護者として講演なども行っている。その後、島崎藤村、国木田独歩、水野葉舟、大町桂月、戸川秋骨、鈴木三重吉、吉江孤雁、片上天弦、金子薫園、岡本綺堂などの多くの文学者が大久保に住んでいた。島崎藤村は大久保で『破戒』を脱稿した。大久保の想い出は『芽生』（明治四二年）に妻と三人の子ども達と暮らした閑静で樹木が多い地域への愛着を書いている。『文豪国木田独歩』の中で、吉江孤雁と前田木城による『大久保時代』によれば、独歩が大久保に引移した理由は「東京の中で一番空気が好いと云うので……」とある。

夏目漱石も『三四郎』の中で大久保がいかに郊外であったかを描いている。大久保在住の文士の懇談会「大久保會」は独歩宅で開かれた。「五十銭の会費で、鰻丼のご馳走が出た」そうで、独歩は山登りの体験談などを話したそうだ。武蔵野の自然の美しさを語る国木田独歩に最も愛された場所が大久保の姿だった。大正二年には戸川秋骨『そのままの記』には「霧の朝の戸山の原」「春の大久保村」などの記述が多い。外国人居住のエピソードは数えきれない。早稲田大学の石山修武教授研究室の「新大久保計画」、四方裕氏の「新大久保の現像」、野村悦子氏『雑居―在日的雑居論』（雑居刊行委員会発行）や東京大学東洋文化研究所研究員趙軍氏による講演会（新宿歴史博物館）、まち居住研究会の『外国人居住と変貌する街』（学芸出版）など、筆者はこの街の多様性とその変貌を克明に描いた研究者たちと親しくお目にかかった。タウン紙『さわやか大久保』の古舘秀子氏も鋭い観察力をもち、それぞれ多様性こそが活力を生み出していることを確信している。

タウン・ヒストリーを紐解いてみよう。そこには、想像もできないような人物の出会いのストーリーや共生の歴史が刻まれている。地域の変遷を知ることによって、地域の未来を感じることができる。フィールドワークは、そんな身近な視点から始まる。

★多文化主義マーケティングの可能性★

地域史とは、そこに居住した家族の多文化化の歴史の集積であり、また企業や商店の発展と共にある。

一日に約三八〇万人の乗降者を呑み込む新宿駅には新宿通りという大河が流れている。

新宿通りの代表的な企業の歴史を紐解いてみると、日本社会をリードし、多文化共生社会の形成と共に発展し、海外に回路を創出し、地域社会の文化創造に力強く貢献してきた点で共通している。

伊勢丹、三越、小田急、京王、高島屋といったデパートの社史にも、新宿高野フルーツ、新宿中村屋、紀ノ国屋書店の歴史にも、日本社会を映し出す変遷があり、それぞれ日本文化を高めていく「多様性のサロンという場」を創造したほのぼのとした地域史がある。創業時から異質な文化を積極的に取り入れ、文化的豊穣を促し地域を活性化してきた。モノを売るのではなく、「異文化体験」を消費者に提供し、共創価値を創出してきた。

中でも、日本で最初に純インド式カリーの味を紹介した新宿中村屋の歴史は象徴的だ。創業者・相馬愛蔵氏の家族とインド独立の志士・ラス・ビバリ・ボースとの結婚や、地域社会との関わりなどひときわ有名であり、新宿の住人の意識の上に大きな広がりを与えた。

今後、文化相対主義に主眼を置く多文化主義的マーケティングの展開が環境創造と企業の発展とにどのように結びついていくかを話し合ってみよう。

七〇年代以降、アメリカでは、企業の社会的責任や地域社会に対する責務が叫ばれるようになった。日本企業のフィランソロピーとして、どのような活動が期待できるかを考えてみよう。

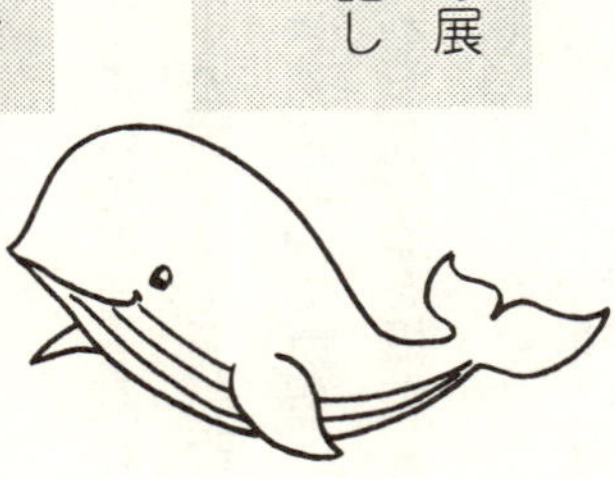

戦後の復興に力を尽くしてきた在日コリアンの存在もまた力強い回路を創出した。一九五〇年新大久保駅の近くに、韓国人が創業したロッテガムの工場が移転し周辺には在日韓国・朝鮮の人々も多数、住みはじめ、飲食業、旅館業、娯楽産業に就くなど起業家も多く、ビジネスの成功と地域社会への貢献から尊敬されている人物も多い。

在日コリアンが就職や結婚においても差別を受け苦悩を強いられた歴史はおそらくこの地域でも変わらなかったに違いないが、社会の偏見と法の差別を改善するために勇気を奮った数多くのエピソードが新宿にはある。指紋押捺拒否の第一号は、八〇年在日一世の韓宗碩（ハン・ジョンソク）さんによって新宿区役所で始まっている。区役所の職員はそれをすんなり受け入れたそうだ(2)。国籍に関わらず医療を提供し、無料の治療も厭わなかった開業医のエピソードも人権を最優先する姿勢を表現している。

芥川賞作家李良枝（イ・アンジ）さん一家も大久保地区の誇りである。日本社会の差別と世代間の価値観の葛藤は、想像を絶する苦悩と共に、優れた文学作品を生み出した。三七歳の急逝に地元の人々は長い列をつくって早すぎる死を悼んだ。この一つの葬儀は地域に確かな気づきを与えた。「すべての人が、堂々と本名を名乗り、国籍を語り、何のわだかまりもなく生きていける地域社会をつくろう」とする土壌を創りだすことに貢献した(3)。

このような数々のエピソードが、語り伝えられ、街の由緒というべきものが、長年の地域史の中で育まれた。歴史的に指導力のある外国人が多数住んでいて同国人を引き寄せる吸引力が潜在し、日本の一つの地域が、地域史と世界史とを繋ぐ役割を担ってきた。地元の人々が、地方出身者や留学生など遠方からの移住者に寛容であり、物心共に世話をすることに慣れている。地域に愛された留学生の名前が、ビルの名前や店の名前となり、いつまでも後世に語り継がれている。その結果、新たな地方単身者や外国人がこの街に集まってくるという循環を生み出したのではないだろうか。

おそらく日本のどの地域でも丹念に地域史を掘り起こしてみれば、異文化をもつ他者を受け入れてきたエピソードを発見できるだろう。異質な者を受け入れてこそ都市は発展し、活性化できる。他者との対話力が地域文化に活力を与える。

第三節　第一成長期〈国際結婚の増加と戸惑いの成長期〉

八〇年代後半、新宿区は港区を抜いて都内で最も外国人登録数の多い街になった。約九〇か国からなる多国籍の人々は、流動性も激しい反面、定住化への途も切り拓いていく。これはどのような要因が働いた結果なのだろうか。

㈠　国際結婚の増加

八〇年代後半から九〇年代の初頭に保育園の外国系園児数が増勢を示した。日本人幼児の減少と国際結婚の増加によって外国系幼児の割合は着実に伸びている。日本人と外国人男性、あるいは外国人女性といった組み合わせの他に、国籍を異にする外国人男女の結婚数も増加した。お互いに異国の地にいる立場を共有する友情が結婚に結びついていく状況は世界の多民族都市に顕著に表れている。たとえば、ニューヨークやシドニーでは、国籍を異にするアジア人同士が急速に親密になるという傾向も見られる。多様な男女のカップルの存在は、多様な国際結婚を自然に受容する地域文化を創出する。さらに妊娠、出産を経て、多文化共生型家族が多言語・多文化家族の実態を日常的な対話によって明らかにすることにより、地域住民の意識に影響を与えてきた。

(二)　NGOとNPOの地域における活躍

第二の要因として、多数の国際協力NGOや市民団体が地域に点在していることを指摘しておきたい。政府の機関としてのJICAの本部や多国籍企業と呼ばれる世界に進出した企業も新宿に多数拠点を置き、国際都市を形成した。その一方で、日本ユニセフ協会、ユネスコアジア文化センター、OXFAM、日本財団、トヨタ財団、シャプラニール、その他大小さまざまな民間協力団体が、点在している。新宿は、NGOの結集する街であり、全国から、全世界からその関係者が集まってくる。そのことが、多文化共生型まちづくりの成長期にどのような影響を与えたのかを考えてみよう。

海外協力NGOの活動の支柱は、大きく分けて二本ある。一つは途上国やマイノリティの人々への協力、支援の実践活動である。もう一つは、そういった実践活動を報告し、その意義を広く伝え、地球市民の育成を提唱する「開発教育」にある。筆者が、多文化共生型まちづくりの第一成長期と地域のNGOを連繫して捉えたのは、八〇年代後半から九〇年代にかけて、NGOの開発教育のさまざまな試みと大きな進展が見られたからである。

その拠点となってきた「開発教育協議会」の本部も新宿西早稲田にある。地域の人々への開発教育の実践研究活動はこの時期、大変な盛り上がりをみせていたし、若者たちや主婦たち、社会人が、積極的に参画したのもこの時期であった。

㈢　自治体の努力

一方、自治体の努力もある。新宿区は国際交流等担当課を新設し、大掛かりな調査研究を行った。㈶国際交流協会を創設し、日本語教育、各種イベント、各国語での情報提供活動に力を注いだ。また、日本語が不自由な子ども達や帰国子女達のために一九八八年から「フレンド教室」をスタートさせ、外国人児童の母語保持や帰国児童の言語能力保持の教室も区が継続している。さらに新宿区は居住の差別をなくすために九一年「住宅及び住環境に関する基本条例」を全国に先がけて設定し、不動産業者を通じて「協力店制度」を発足させた。外国人顧客を専門にした不動産業者が出現した。社員には外国人を雇い、多言語の契約書や説明書などを完備し、「外国人歓迎」の看板が目につく。最近ではマンション組合も多言語で対応してトラブルを未然に防ぐ努力をしている。

バブル経済の崩壊の中で、相談窓口や日本語教育など自治体の外国人サービスは整ってきた。

㈣　多文化主義社会の研究の場の創造

最大の特徴は、気概のある研究者が密集し、学際的な研究会が随時開かれ、情報交換が行われ、多文化共生社会を志向する学問の街となる基礎づくりが始まったことだ。国内はもとより海外からも研究者が注目し、ネットワークが出来上がっていく。中には、大久保地区に住んでしまう研究者もいる。

多文化共生社会の探究に向けて、社会学、経済学、文化人類学、女性学、都市計画、教育学、法学など

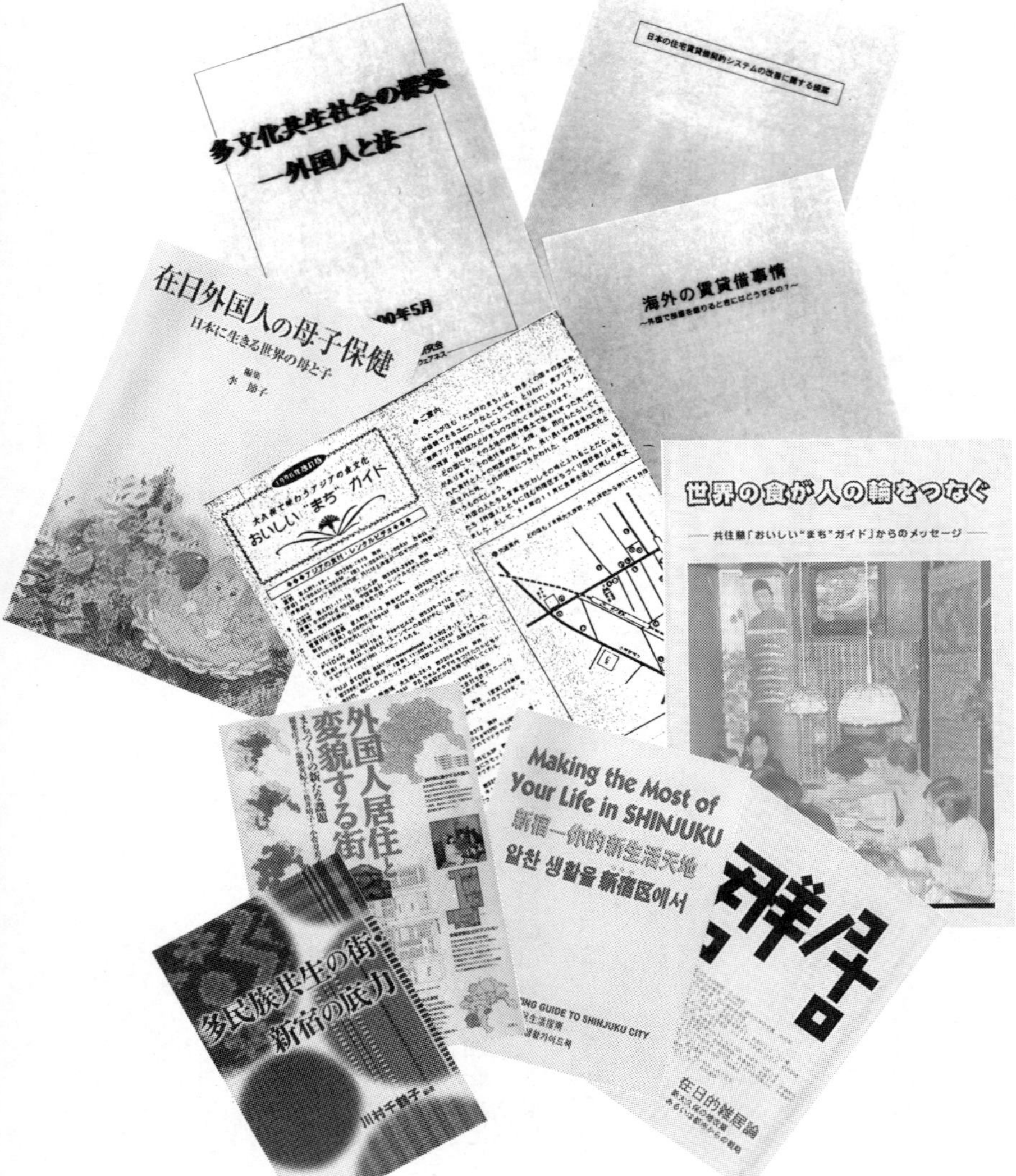

これらは多文化共生社会の創造に力を注いだボランティアの人々の活動の蓄積である。
人間環境創造の原点がここにある。

さまざまな学問の視座を置き、調査研究が蓄積された。異文化間理解教育だけでも、異文化間心理学、言語教育、異文化間コミュニケーション論、国際理解教育論など多岐に及び、そういった多数の学問分野が交錯する中で、地元住民と研究者とが、円卓を囲んで話し合える場を粘り強く創造した。ボランティアによるこういった場の創出は、多文化共生社会の創造の鍵を握ったといって過言ではない。

一九八〇年代後半から中心となった大学の教員が多文化主義の理念や概念を一段と高い教壇に立って教授すると言った態度では全くなかった。地元の人々とひたすら地域を歩き、フィールドワークを共にし、そこから分析の練り上げや研究成果を生み出す喜びを共有し、対等な意見交換を重視してきた。

誰もが参加できる場を創出することが最も大切だった。年齢や職業にかかわらず、そこに居住する外国人や日本国籍を取得した外国系の人々、在日韓国・朝鮮の人々、在日中国の人々、アイヌの人々も参加した。本音を語りつつも「郷に入っては郷に従え」という同化主義的な態度ではなく、協働と共住の接点を語り合った。外国人にとっても、ここは人生の通過点に過ぎないという発想ではなく、同じ地球の人間の大地であり、相互理解と共生社会の創造こそが、自分自身が地球市民となるステップであることを認識し始めた。

二一世紀、もし日本が真に多文化共生社会の成熟期を迎えることができるとすれば、それはどのような制度をもった社会で、どのように人間の平等の権利を実現していくのであろうか。個々の条例や法律を学びながら、地域を歩き地域の歴史を素描してみよう。

【注】

(1)　東京大学東洋文化研究所研究員趙軍氏による講演会「日中交流史　孫文の日本での活動と新宿区―二十世紀初頭中国革命党人士たちと新宿―」より（一九九五年一〇月）。

(2)　田中宏『在日外国人』岩波新書、一九九一年。

(3)　川村千鶴子編『多民族共生の街・新宿の底力』明石書店、一九九八年。

第六章　多文化主義の胎動

第一節　彷徨期〈共生コストの重み〉

「このまま外国人が増え続けたら地域がどうなってしまうのだろう。」

「なぜ、ここだけが多文化共生の重荷を背負わなくてはならないのか。」

「超過滞在者がなぜ増えるのか。」

「このような状況で子どもを育てる環境を保てるのか。」


おそらく地域に噴出した不安、悩み、疑問、疲労、混乱を理解し、共有しなければ、多文化共生社会への本当の理解はできないだろう。九〇年代初期、滞在期限を守らない、あるいは守れない超過滞在者の存在を地域はどのように受け止めればいいのかが話題になった。大久保通りは「国際通り」と呼ばれ、地元商店街は五か国語の放送を流していたが、地元の人々は長い議論の末にその呼称を止め、ある日放送のスイッチを切った。外国人の自己実現の夢とホスト社会の戸惑いが対照的に交錯した瞬間だった。地域の人々の驚きと戸惑いは複雑なもので、私は彼らの態度を単に「外国人排除」というようにはとても括れない。

「九〇年の入管法の改訂の後、超過滞在者が地方から都市に流れた。」

「彼らは保健医療を受けられず、街には薬屋が増えた。医療機関が悲鳴をあげている。」

外国人の犯罪の記事が連日マスメディアを賑わした。マスコミ情報の信憑性が問われ、混沌とした歳月が続いた。

マスメディアの情報は的確だろうか。
「外国人」とか「〇〇人」と括ってしまう言い回しはないだろうか。
差別を助長する見出しや記事はないだろうか。

もともと、アジア系住民に親しさを感じてきた地域が、その急激な多様性と地球的規模の問題に関連し、日本社会の歪みと連動したマイナス面が露呈し、いまだかってない難問に遭遇し、「多文化共生社会」への挫折感を味わっていた。

当時「人権」という概念の重みを感じつつも、超過滞在者の増加は不安要因として街を包んだ。

保健医療は受けられず、見つかれば退去強制を命じられる。そういった脆弱性に降りかかる賃金未払や売春強要などの人権侵害が住宅地に侵入してきた。エイズや結核といった病気の深刻さが誇張して伝わってくる。路地の柱には、外国人排除と抵抗の落書き合戦が続いた。

〈No More Bad Foreigners!〉と印刷されているポスターに、〈No More Racist Jap!〉という落書

きが加わる。何種類ものポスターが幾度も貼られた。この陣痛は三年も続いただろうか。筆者はそういった過激なポスターを眺めながら、幾重にも重なるジレンマの中に日本の新しい開国のドラマを自分が経験しているような気持ちがした。共生コストが嵩み、子育ての環境を考慮して、他所へ転出を考える日本人世帯もあった。

共生コストの重みとは、具体的に何を指すのか、探してみよう。

地域の不安を知りながら、日本政府はこのような状況に対して、何の協力も手だても示さなかった。地域住民が頼りにできたのは「地元の警察」と自治体だけだった。結局、街娼を掃討したいとする町会と新宿区と警察が一丸となった大掛かりな「環境浄化運動」が繰り広げられたわけだが、極めて排他的な印象を外部に与えてしまう。オールドカマーや留学生なども加わっているのに、参加者は矛盾とジレンマの中で複雑な心境であった。区長はその先頭に立って挨拶した。

六つの町会が一つにまとまって連日連夜議論を交わした。「悪質な外国人を排除したい団体」と「外国人と共に暮らしたいという団体」の双方に出席する住民の複雑な悩みが伝わってきた。

対話とは表層と深層という図式をもち、一人のこころが多様に揺れ動き、さらに人を「外国人」「日本人」と括っては適切な対話ができないジレンマが生じる。「悪い外国人を排除したい」と主張する住民の中に、「超過滞在者をただ追い出すだけでなく、彼らに合法的な滞在の途を開いたらどうだろう」とする少数意見がすでに地域にあった。また「外国人が悪いのではなく、ラブホテルがあることがよくないのでは」という意見もあり、ラブホテルを留学生会館やビジネスホテルやコンビニに建て替えた経営者もいる。意識の変革はこれまでの経営とまちづくりとの関係性を問い直し実行された。エスニックレストランの増加、教会の建て替えも相次ぎ、街の変貌は激しかった。筆者は多文化共生社会のために国家的な専門機関の設立を提言した。地方自治体レベルの多文化共生サポートセンターの方が、よりきめ細やかな対応ができてよいのではないかという人もいる。たとえば、川崎市の「ふれあい館」のように。しかし、日本人全体が外国人居住者の多い地域だけが多様性の認識をすればよいと錯覚してしまう点で、これは国レベルで設立すべき機関である。

なぜ日本には〝多文化共生局〟のような政府の専門機関がないのだろうか。地域の悲鳴をどこに届けていいのか分からない。
このような状況のまま、移民受け入れ論争を開始しようとする日本政府は、現実を認識しているのだろうか。話し合ってみよう。

住民は疲弊していたが、これらの難問を決して回避しようとしなかった。その努力が第二成長期への原動力になったことは、特筆に値すると思う。葛藤と軋轢もまた、それを表現しようとする対話の難しさを学ぶことによって、歳月と共に生きた体験として地域に新しいエネルギーを与えていた。

百戦錬磨の街の変遷を『多民族共生の街・新宿の底力』に綴った。その行間に、新たな課題が次々と浮上してくるのを感じた。

まじめに働く超過滞在者が合法的に滞在できるような方法を考えてみよう。

第二節　第二成長期〈日本人の多様性の認識〉

公立三〇の保育園の主任保母研修会は、現状に即応して異文化理解に努めてきた。参与観察とアンケート調査の結果から、コミュニケーションの困難はあるものの、保護者と保育士の助け合いは、地域に開かれた保育園を実現し、国籍ではなく、それぞれの特性や個性に合わせた保育の実践が報告されている。

多様な子どもを育てる日常的な経験が、保護者との間に信頼関係を生み、地域社会にも影響を与えていった。

超過滞在の親をもつ子ども達は退去強制の時点でいきなり振り回されることがないように、子どもの権利条約と学習権の獲得、入管法をはじめとする法的制度を学習してみよう。

大小さまざまな宗教施設が点在し、外国人の心のよりどころとなり、宗教施設は情報交換や生活の協力の場ともなっている。医療機関が整い、外国籍の親切な医師も多い。外国人住民からは、大久保は治安が良くて安全だから住むという声が返ってくる。エスニック・レストランが七〇件〜一〇〇件、食材店なども多く、母国の料理がいつでも味わえ、交流の輪も広がる。多言語の機関誌、情報誌が急激に部数を伸ばし、分厚くなっていく。多様なエスニック・ビジネスの進展が地域にみられ、情報網が発達し、外国人居住者も街にすっかり馴染んでくる。

不安を隠せなかった地域が、九〇年代後半からプラス志向に変化していった。特定郵便局は日本一の売上を示し、外国人居住によってマンションの空洞化を避けられ、街はより活性化した。学識が高く、マナーもよく経済力や才覚のある外国人の存在が目立つようになる。商店街やスポーツ施設は六割方が外国人顧客だそうだ。日本人高齢者が多い街で、災害時には留学生や外国人定住者と協力し合う態勢をつくっておかなければならない。非常時に備えお互いに助け合う基盤をつくりたいという意識の変革がみられるようになった。

地域の多文化化と文化変容を、観察してみよう。
そこには住民のどんな意識変化があるだろう。

日本人同士でも匿名性が高く、交流が薄かった地域で、相互理解をはかり、知恵を出し合おうとする新しい気風と共生社会を目指すまちづくりの会合が数多く生まれた。「まち居住研究会」や「外国人と共に住むまちづくり懇談会」、日本語教育にかかわる研究会、「東南アジアに暮らした主婦の会」、「多文化社会研究会」などそれぞれの専門性を生かした約六〇のグループが定期的な会合をもち、地道な活動を展開している。自治体の国際交流活動も充実した。情報交換と知恵を出し合うネットワークの広がりが都市の暮らしに楽しさを加える。

　地域住民にも帰国した留学生からの便りが届く。妊娠中は世話になったという感謝の手紙に赤ん坊の写真が添えられていたそうだ。お互いに学び合い、成長を喜び合う街になった。

　九七年頃に入ると住民意識はさらに変化した。外国人を「他者」として捉えるのではなく、共に生きる「家族」「仲間」「隣人」と感じる接点が増加する。国際結婚は、意識変化をもたらし、名前で呼び合い「〇〇人」と括らない地域が実現しつつある。

フィールドワークを始める人は、地域の研究会に入会して新しい視点を得るのもいい方法だと思う。やってみよう。

第三節　成熟期に向けて〈多文化共生能力〉

人権侵害を受ける外国人女性へのシェルターや共生を指向する民間団体は絶え間なく困難なハードルを

乗り越えてきた。それでも一つのＮＧＯが出来ることには自ずから限界があり、その限界を補うように別のＮＧＯが次々とでき、受け皿が重層的に存在し専門性をもって機能している。そのメカニズムは、若い世代に感動を与え、多文化共生型まちづくりへの自発的な参画を促し、人々は〝多文化共生能力〟と言うべき粘り強い新しいコミュニケーション能力を身に付けるようになった。その能力の特徴は、異質な者への対話力であり、自分のもてる力を、地域社会に還元したいという前向きな能力である。地域社会に還元することが、かけがいのない地球を守ることに繋がっている実感がそこに込められている。この確かな手応えが人権を守る更なる勇気を生み出している。対話力とは勇気を伴って初めて社会に発揮される。

多文化共生能力とは、どんな能力であるかを話し合ってみよう。
また、日本の民主主義を底辺から支えているのは、誰だろう。

一九九七年、全国の外国人登録者数は一五一万二、一一六人で、総人口の一・二％となった。しかし、実情は約二六万人の未登録、超過滞在者が推測され、約一八〇万人の外国人がいると推定されていた。

一九九九年九月、子どもを抱える超過滞在者に特別在留許可を求めて法務省に直訴するという出来事が起きた。中学生や高校生を抱える家族を中心に特別在留許可が与えられたことは、勇気ある対話力がいかに大切であるかの好例ではないだろうか。滞在が長期化することによって子ども達は日本の文化に適応し、もはや両親の母国の文化は自文化ではなく他文化となっている現実にぶつかる。

地域のエスニック・コミュニティの定着は、エスニック・ビジネスの成功に伴い、トランスカルチュラリズムの増大に繋がっているのだろうか。

二〇〇〇年一月、新宿区の住民登録は約二六万三、〇〇〇人、外国人登録は二万一、七八〇人となった。大久保地区にはすでに二〇〇件以上の多様なエスニック・ビジネスが軌道に乗っている。近い将来トランスナショナルコミュニティを形成する可能性が大きいことを感じさせる。帰国と再入国を繰り返し、地域の外国人は依然流動的ではあるが、受容した地域は確実に多文化共生型まちづくりを余儀なくされている。

国際結婚の増加により、新宿区では新生児の五人に一人は外国人を親にもつようになった。〝ダブル〟の子どもや中国帰国者の子ども、帰国子女、帰化した場合など日本国籍をもちながら異なる文化をもつ子ども達も多い。日系人の子ども達もいる。異なる文化的背景をもつ子どもや日本語が不自由な子ども達は、国籍の如何にかかわらず「外国系の子ども」と呼ばれ、過半数を超える小学校もある。学校や保育園を訪れると文化的多様性をそのまま認め合うことが日常化し、一人ひとりが違うのは当然であり、外国系の子どもが異質な存在として分離されていない。また特別視され、もて囃されることもなく、お互いに「他者」への共感性を高め、学年を外して支え合っている姿を見ることができる。

外国人の子ども達に日本語支援をするのも、学ぶことの多い、ボランティア活動になるだろう。

小学校の教師のインタビューによると、大久保地区の小学校の外国系の子ども達は、アジアから出稼ぎ目的で来ている親の子どもも多いそうだ。そういった子ども達に共通する強さは、日本が最終のターゲットではなく、家族が世界にまたがり、地球のどこに行っても生活基盤を築けるような精神力とコミュニケーション能力を短期間に身につけようとする動機づけと気概をもっていることだ。この地域に住む親や教師たちの話を総合すると、教育熱心な親が目立ち、教育の成果は老後の自分に還元されると信じている人が多い。

移動する家族にとって、「教育とは親の祈り」だと言う。日本人の子ども達も、そういった家族愛と学習意欲を学び取っている姿がみられる。そうした学習は、お互いに将来は国際分野に活躍するイメージをもつことにも繋がる。多言語の看板を見ながら通学し、大人が交わす多言語の環境に慣れ親しみ、第二言語習得への動機づけも極めて強い。

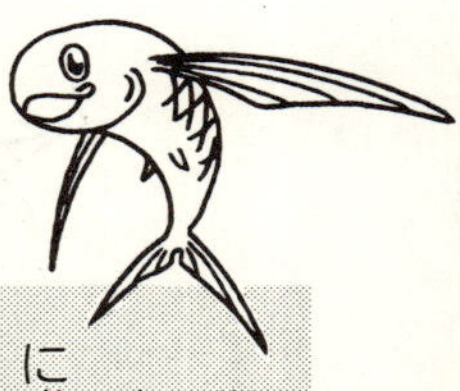

学校文化の変容と地域文化の創造は密接な関係性をもっている。多文化共生型まちづくりは、今このような地域文化の創造過程と共に進んでいることをまとめて発表しみよう。

多文化共生社会へのプロセスを素描してみた。感想を話し合ってみよう。二一世紀、多様な人々が共に住む大都市・東京が、世界の人々から愛される世界都市として輝くためには何が必要だろう。

二〇〇〇年四月、東京都知事による「三国人発言」は地域の共生への努力を踏みにじるものであり、外国人の犯罪の強調は差別を助長させるものとして問題になった。公的な人の問題発言の影響を話し合ってみよう。

対話力に主眼に置いて、興味のあるテーマを選んで論文を書いてみよう。

一　多文化・多民族社会の市民
二　対話のあるあたたかい家族
三　多文化共生能力のある住民のまちづくり
四　多文化世界のビジネスの展開
五　対話力のある自治体サービス

日本古来の伝統的文化の継承や日本人が長年培ってきた以心伝心、阿吽の呼吸といった文化的独自性の素晴らしさを思い、それらをも否定しない文化のあり方を願う人々も多いと思う。

多文化主義とはそれぞれの文化的伝統を重んじ、それぞれの言語や宗教を表現する自由をもち、また互いに分かち合う権利を有している。日本文化を中心に生きることも選択肢の一つである。

第四節　多文化共生社会とは何か

早稲田大学教育学部大学院教授の朝倉征夫氏は、多文化・多民族共生社会を次のように定義している[(1)]。

多文化・多民族共生社会とは、一つの生き方や行動の基準・統制機構に依存する社会ではなく、異なった文化、すなわち、異なった生き方や行動の基準・統制機構が多数存在し、それを前提に共生する社会を意味している。換言すれば、文化的多元主義に基づく社会を意味しており、さらに言えば、異なったそれぞれの文化、すなわち異なったそれぞれの生き方や行動基準・統制機構に固有の価値を認める社会を意味している。このように、強力な文化変容の要請（同化要請）や文化的剥奪を否定し、文化に関する権利の存在を認めることと共通している。すなわち、文化について個々の人間の場合と同じように民主主義の原則を適用しようというのである。しかし、文化の固有の価値を認め、その存続の権利の実現を認めるには、さらに二つの民主主義の原則が適用されねばならないとしている。

その第一は、個々の文化に対して固有の価値を認めることは、その文化の理解を前提に、すなわち、理解してのちはじめてその文化の固有の価値を認めるということではないということだ。異文化理解は、文化を異にする者が共に生きていく上で重要な条件ではあるが、それぞれの文化の固有の価値は仮にその文化が理解困難なものであっても認められねばならない。個々の人間の固有の価値は、その人間の個性や理解の難易や有無にかかわりなく認められなければならない。同様に文化についても適用する。さらにそのことは、たとえば、特定の文化をもつ者に、その文化の存続とひきかえに他の文化の文化的変容を迫ってはならないということでもあるとしている。

第二の原則は、異なった文化の共存、すなわち、異なった生き方や行動の基準・統制機構の共存が、まったく無条件で認められるわけではないという。もともと民主主義的文化多元主義の考え方が生じたのは、その属する集団、あるいはその文化ゆえの差別や不利益を無くすためであった。したがって、どの文化であっても、その文化が含む生き方や行動の基準・統制機構がその文化的集団内外の特定の人々、たとえば、女性や子どもの人権実現の抑制や侵害、あるいは差別、迫害、偏見などをもたらす場合には、少なくともその部分については認めることができないとしている。

このように、多文化共生社会とは民主主義の原則に即して文化に固有の価値を認める文化的多元主義に基づく社会である。多様な文化の存在は、必然的に多くの異なった行動の基準・統制機構をもつ集団と個人の存在を意味するので、社会的な分離が進んでしまう。放置すれば社会としてのまとまりを失い、多文化ではなく多分化になってしまう。多様な文化の存在を前提にして、いかに社会としてのまとまりを保つかが、民主主義的文化多元主義社会の最大の課題であるとしている。

この定義に照らし合わせて考察すれば、大久保地区はこの二〇年間に多様な文化に固有の価値を見い出し、それらの存在を前提として地域社会としてのまとまりを保ち、存続の権利を実現しつつあるモデルと言えよう。

民主主義的文化多元主義に基づき、多文化型のまちづくりを日本の各地で進めていきたいものだ。

葛藤や衝突を恐れず、回避せず、こころの対話力を発揮し、理解を求める努力こそが、多文化主義の矛盾を超える途ではないだろうか。

【注】

(1) 朝倉征夫・甲斐規雄『人間教育の探究』酒井書店・育英堂、一九九九年。

第七章　多文化共生社会の創造

第一節　多文化共生社会の形成過程―フィールドワークのヒント―

(一)　多民族共生の歴史と共生の多様性

「都市には歴史がある。そしてそれはそこで暮らす人々の思いの中で由緒になり、何らかのものとして語られている。それがコミュニティの基盤を成すのだ。[1]」（アーノルド・トインビー）

これは、二〇年ほど前、イギリスの歴史家アーノルド・トインビーが、ギリシャのアテネでコミュニティ研究集会が開催された折、都市社会学の権威、磯村英一氏に語られた言葉だ。そのことを記した随想『「ふれあい」の原点・「由緒」』は磯村氏の絶筆となった（一九九七年四月に逝去）。東京の歴史は由緒となって、次代にどのように語られるのだろう。

読者も自分の住んでいる地域を見直し、「多文化共生社会」がどのように形成され、どのように展開されてきたのかを調べに、フィールドワークに出かけてみよう。

【歴史的アプローチ】

筆者は、新宿における外国人居住者の推移を左記の四つに分類した。

これまでのニューカマーとオールドカマーという二つの分け方ではなく、次の表のように四つのカテゴリーに分類して、その特徴を捉えてきた。

新宿大久保地区の外国人居住者の推移

Very Old Comers	明治初頭、中国からに居住した留学生を中心に考察、亡命した人々
Old Comers	戦中、戦後を通して、日本に定住した在日韓国朝鮮の人々、コリアンを中心に
New Comers	エスニックタウンを形成したアジア系新規来日外国人が中心、1980年代に来日
Recent New Comers	入管法改訂後に来日した約100か国の多国籍な外国人が中心、日系人、90年代後半に来た人々

（作成：川村千鶴子）

それぞれの地域の歴史的な背景をフールドワークから導き出してみよう。特にリーセントニューカマーは、ニューカマーに比べて非常に効率よく地域に適応し、情報を獲得し、生活拠点を得ていることに気づく。先輩格のニューカマーが、よく世話をしてくれるお陰でもある。

どのような社会システムが構築されていくのかを調べてみよう。

(二) 共生の接点を探してみよう

共に学ぶ

留学生、就学生の歴史的背景、生活拠点の形成、生活実態など身近な留学生との交流から始めることができる。

共に働く

エスニック・ビジネスの出現と地域との関連を調べてみてはどうだろう。

レストラン・町会・商店街調査、市民団体・NGOの動き、自治体の外国人政策と外国人登録の資料などを通して、外国人の働く姿を見ることができる。居住の類型化と生活拠点の推移を探る。

また、経済の活性化と共生コストの重みなど、経済的な指標から地域住民の意識の変遷を調べることも意義がある。

バブルの崩壊後、都市のビルやマンションの空洞化を防いだ事例は多く、外国人の流入が、どのような経済効果をもたらしたかは、商店街にとっても興味深い。外国人の集住によって売上高が急増している商店の特徴を調べてみても、面白い。

共に祈る

宗教施設を訪れてみよう。祈りの場がいかにして形成され、どのような空間を提供しているか。外国人にとって、そこはこころのよりどころとなっているのだろうか。情報交換の場、出会いの場を創出しているかも知れない。

共に憩う

エスニックレストランは、外国人が働く場所という一面ではなく、共に憩い、食を楽しむ空間を提供している。図書館、映画館、スポーツクラブ、その他の娯楽施設や憩いの場を探してみよう。

共に子どもを育てる

保育園、幼稚園、小学校の内部をボランティアなどをしながら第二言語習得のプロセスやストレスをどのように解消しているか、どのように学力を伸ばしているかなど子ども達と接しながら共生の接点を探ってみよう。また保育園（多民族化する保育）、小学校（日本語教室と国際理解教育）、教育センター（帰国子女と外国人児童・生徒への教育）、コミュニティ講座や市民団体の取り組みと個人と地域の多文化化の変容を観察する。

共に人間環境を創造する

共に住まう、共に事業を展開するなど、ほかにも多くの新しい共生の側面を見い出すことができる。そういった新たな人間環境の創造のプロセスを交流の中から整理してみよう。

(三)　地域における環境創造のモデル

共に学ぶ、共に祈る、共に働く、共に憩う、共に子どもを育てる、共に住む、共に老後を支えるという共生の形態の「花びら」が「家族愛」という核を中心に開かれてきた。この共生の接点は、今後より多様になり、共生の花びらの数が増すことが考えられる。

平等な人権実現を目指す「茎」に自治体や教育・医療機関、ＮＧＯや市民団体、企業や商店街や町会などの「葉」が伸びている。偏見や差別の「虫」もつくことがあり、そういった差別意識も共存している。多文化教育や国際理解教育、開発教育の「肥料や水」で人権擁護の土壌が肥やされ、人類愛という「太陽の光」に照らされて、「共生社会を創造する花」が咲く。咲かない花もあるかも知れない。どこかが大きく欠如していれば、つぼみのまま終わってしまう場合もある。

あなたの町では多文化共生の花は咲いているだろうか。注意深く見守って欲しい。

「多文化共生社会」(living together in multicultural society)とは、すべての人々の多様性と個性を尊重して、葛藤や摩擦を回避せず、よりより共存の社会と人間環境を創造するために努力する社会である。障害の有無や性差、職業の違い、国籍や民族の違いなどを超えて、言語的、文化的に異なる背景をもつ人々が、相互に差異を認め、偏見や差別のない環境創造を志向する社会である。

そのためには、人間がもつ本質的な多様性を認識し、子ども達の知能や学力を伸ばし、人々の人格を高め、寛容度の高い社会を創造することが重要である。「多文化教育」(multicultural education)は、単にマイノリティの人々の自己概念を高めることに限定せず、すべての人々の間に肯定的な関係性を創出し、ステレオタイプや偏見を減少させ、さらに感性豊かな人格と能力を培う過程でもある。

人間環境創造のモデル－地域に咲いた共生の花－

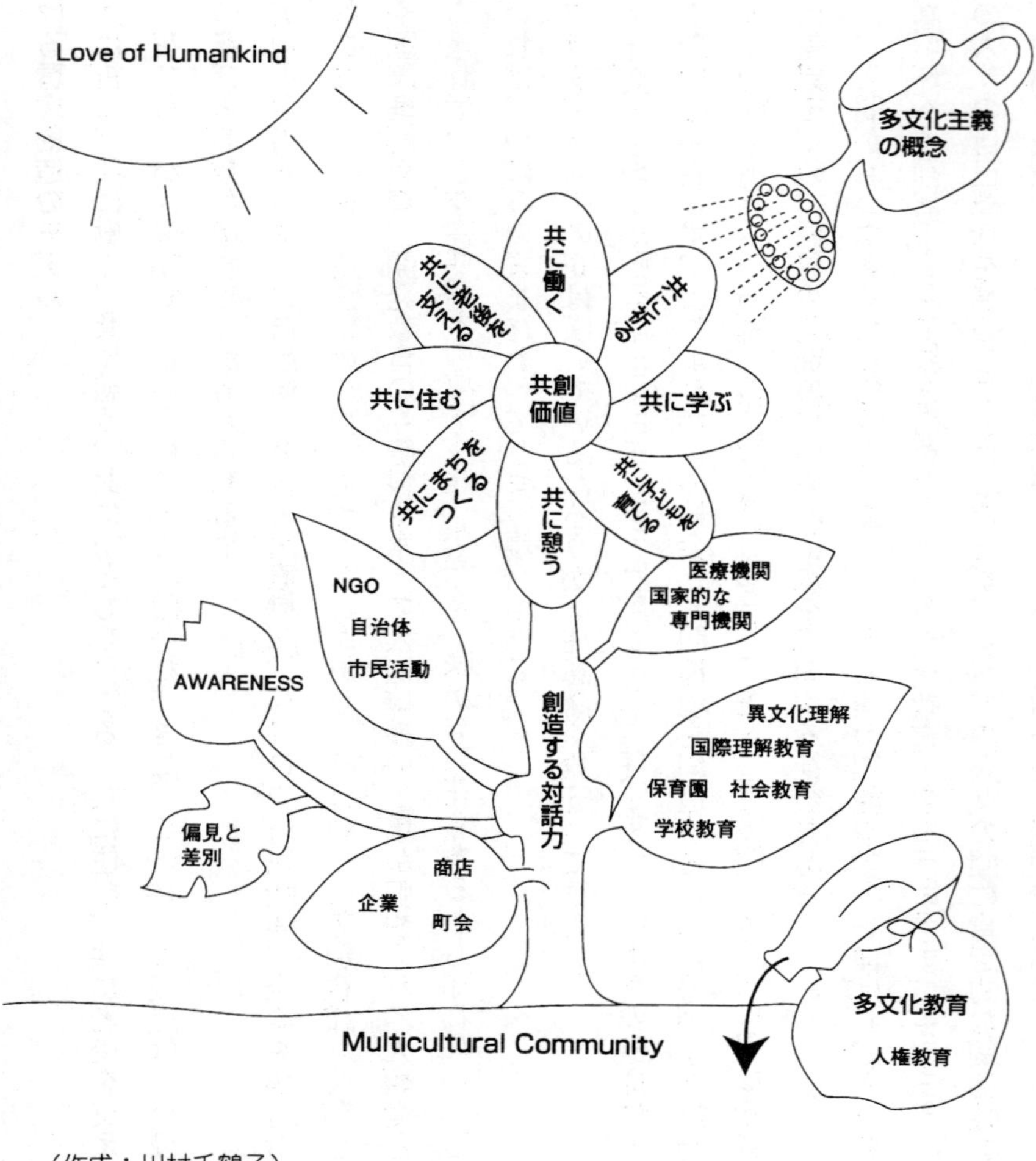
Love of Humankind
多文化主義
の概念
共に働く
共に祈る
共に学ぶ
共に子どもを
育てる
共に憩う
共にまちを
つくる
共に住む
共に老後を
支える
共創
価値
医療機関
国家的な
専門機関
NGO
自治体
市民活動
AWARENESS
創造する対話力
異文化理解
国際理解教育
保育園　社会教育
学校教育
偏見と
差別
商店
企業
町会
多文化教育
人権教育
Multicultural Community

（作成：川村千鶴子）

人間の多様性とは何だろう。また、多様性がプラスに生きる豊かな地域文化、学校文化、職場文化を創造するために、何が必要だろうか。

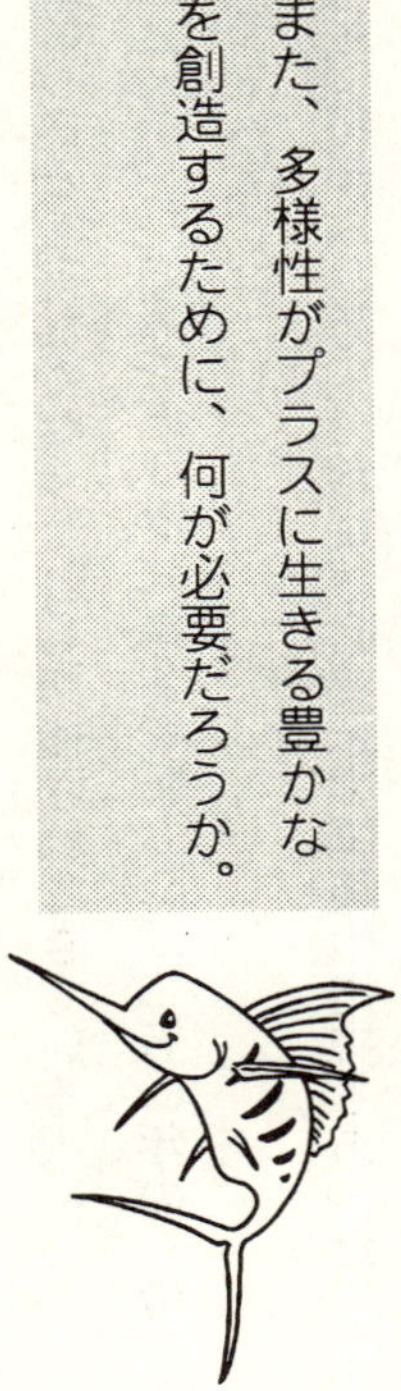

第二節　移民受け入れ論争に向けて

「(いずれにせよ常に神話である)単一民族に戻ることが不可能であるように、固定した同質の文化に戻ることもできない。それ故、多元的な文化をもつ人々からなる世界都市は変化に向けての強力な実験室と見なせる。(2)」(『移民の時代』ステファン・キャスルとマーク・J・ミラーより)

いま、世界のほとんどの都市で、長年培ってきた固有の文化が変容している。

多言語が行き交い、活気に満ちた多国籍・多民族の様相は、グローバリズムの潮流を感じさせ、人の流入は、新しい社会秩序を模索せざるを得ない状況を創出している。

伊豫谷登士翁氏は、国境を越える人の移動は、限られた地域の非日常性として現れるのではなく、いまやあらゆる国や地域を越える人々の日常生活と関わりをもつ出来事になったと指摘している。拡大する経済格差による南から北への移動、社会主義体制の崩壊による東から西への移動、そして地域間紛争による隣接地域への移動と、国境を越えて移動する人々は年百万人を大きく上回るという。母国を離れて異郷の地で生活する人の数は世界中で数千万の規模に達する。国内での住まいや土地などを失い、都市へと流入した潜在的な移民予備軍は数億の単位に上り、今後数十年間にわたって移民の時代が続くと予想している。

「移民」ということばを使ったことがあるだろうか。日本人は「移民」という言葉を日常的には使っていない。英語には入ってくる移民（immigrant）と出ていく移民（emigrant）の二つの言葉で使い分けているが、日本人は「移民を受け入れる」という発想が長い間なかったのではないだろうか。現在、日本に入国する外国人には在留資格と在留期間があり、そのまま永住するという「移民」の項目がない。移民受け入れの理念も社会的なシステムも全く構築されていない。

日本で出会う外国人は、自己実現を目指してやってきた異国の人であり、いずれは帰国するというイメージが強かった。

しかし、深刻な少子化・高齢化問題により、日本経済が二一世紀を乗り切れるかどうかが頻繁に討論されるようになった。日本の入管政策は、従来「排除と管理」の政策が続けられてきたが、二〇〇〇年三月法務省が発表した「第二次出入国管理基本計画」でも人口減少時代の到来の前に、日本としての対応のあり方を準備しておく必要を述べてある。

「外国人労働者受け入れ」に弾力的な運用を図らざるを得なくなったとも指摘されてきている(3)。

周知の通り、日本人口は、二〇〇七年の一億二、八〇〇万人をピークに減少に転じ、二〇五〇年の一億人を経て、二一〇〇年には七、〇〇〇万人を切ると予想されている(4)。

経済の活力を維持するためには、二〇五〇年まで毎年六〇万人の移民が必要との国連の指摘もあった。

「移民大国」になるか、定年を七七歳まで延長する必要があるなど多くの学者が日本社会と移民政策について論じ始めた。

これまで、優秀で真面目な留学生や高度な技術をもち、マナーを守る外国人なら受容できると感じてきた地域社会は、すでに、共生コストの重みやエネルギーの消耗を体験しており、少子高齢化といってもおいそれと「移民」の受け入れに積極性を示すことはできないのが率直な気持ちではないだろうか。

移民受け入れを考える前に、あなたにとって「移民」とは何かについてそのイメージを描いてみよう。

日本における外国人登録者数は一五一万二、一一六人（一九九八年）で、総人口の一・三%に当たる。新来日外国人の数は、日本の植民地支配と関連する在日韓国・朝鮮人や在日中国人などのオールドカマーと言われる人々を上回っている。

このような状況下で、明星大学教授の渡戸一郎氏は、今後外国人労働者の秩序ある受け入れを提言している。その理由は「一九八〇年代以降の国際労働力移動によって出身地域と日本との間にメディアやエスニックな互助組織などによる移住システムが構築されてきた。特に韓国、中国、フィリピン、ブラジルなどとの間は九〇年以降急速に発達した。基本的に既に移民の流れはできている。その流れを完全に断ち切ることはあり得ないし、日本だけがシャットアウトすることもできない」と指摘している。外国人が集住する地域の住民で密に交流してきた人々は、この移住システムが構築されつつあり、多文化化・多民族化の流れが変えることのできない潮流であることを肌で感じてきた。

渡戸氏は、「グローバル経済の下で先進工業国と発展途上国の経済格差がかえって拡大し、加えて途上国での不安定な政治経済が続くとすれば、近い将来、日本を含む先進工業国への出国圧力が低下するとも思えない。必然的に今後の人口減少期に向けて、一定の秩序ある移民労働者の受け入れは必要になると思う」と述べている(5)。

法務省名古屋入国管理局長の坂中英徳氏は、多文化社会研究会の「多文化大学」で講演された（二〇〇〇年三月、新宿大久保地域センター）。彼は、人口減少社会への対応のあり方には二つの基本的な考えがあるとしながら、現在の経済大国の地位を維持していく考えよりも、人口規模に合った縮小社会への移行で、「美しい小さな日本」をめざす道を選択する方が望ましいと述べている。就労目的の外国人の入国を厳しく制限していくことになる。「どちらにも試練と代償がある。いずれにしても惰性に流されず、国民の間で真剣な議論をすることが肝要だ」と述べている(6)。

移民の受け入れについて大東文化大学環境創造学部教授の中本博皓氏は経済学的分析の終わりに次のようなコメントを語った。

単純労働者の場合は、労働者を送り出した国も、本人にとっても、長い時間を刻んで築き上げたその国の制度や習慣など、広い意味での異文化の中で長期在留して生活することの難しさは、専門分野で自分が蓄積してきた研究や専門的な技術を生かして労働を行う研究職などの「専門労働者」の場合と比較して、数段難しいのではなかろうか。もしも、国が労働力を将来にわたって安定的に確保することを目的に国策として外国人労働者の受け入れ範囲を積極的に見直していこうとするのであれば、その前にもっと、きめ細かい体制づくりが必要である。その場しのぎではなく、長期定住型の外国人労働者の受け入れまで政策の範疇に置くのであれば、まず、「受け入れ原則」の策定が必要である。

次に日本が最も苦手としてきた「多文化共生社会の構築」に向けて、多文化教育や異文化交流が国の隅々までに行き渡るような、社会システムづくりや人材養成が緊要な課題となろう(7)。

筆者は、単純労働者の流入によって、日本社会を職業によって人種や民族が違ってくるような社会にはしたくない。外国人労働者に老人介護を頼るのであれば、その人々が老いた時、日本人が彼らの老後を介護する相互扶助の気持ちがなければ共生社会は生まれないと思う。

外国人の労働力を議論する前に、外国人労働者とはどのような人々を指すのだろう。在留資格とはどのような項目があるのかを調べてみよう。また、定住外国人・永住外国人と言われる人々やニューカマーと言われる人々についても学んでみよう。

日本人はどのような意識をもって外国人と接しているのだろう。その点を世代間の違いもあわせて話し合ってみよう。

さまざまな立場を想定して、外国人労働者の受け入れを巡ってディベートをしてみよう。

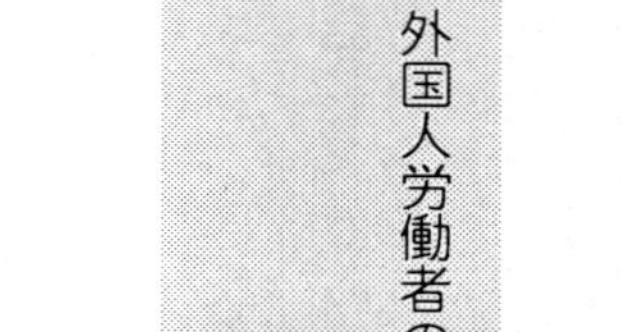

第三節　多文化共生社会の到来

㈠　トランスカルチュラリズム

振り返ってみると、日本社会は「国際化」ということばを頻繁に使用してきた。しかし、その割には、国内の外国人問題を「内なる国際化」として後回しにしてきた。フィールドワークの以前から感じていたことは、地域にとっては、「国際化」ということば自体が、ふさわしくない。地域に暮らす外国籍の人々は別に国家や政府を背負って移住しているわけではなく、個人の自由意志で移動している。さらに政府や国家は、それらの移動が出入国管理法や外交協定に違反する者でない限り、彼らの出入国や居住、彼らが構築するネットワーク、彼らの受け入れ環境や条件の改善のためのボランティア活動や地方自治体の対応措置などに直接干渉する立場にない。

江渕一公氏は、「国境を越える人々」の意味で「国際移動民」という用語が使われるが、厳密に言うところの「国際」という語の使用は適切でないと指摘している。私たちは「トランスナショナリズム」(transnationalism；超国家的関係・状態)と「インターナショナリズム」(internationalism；国際的関係・

状態）とを区別して使用すべき段階にある。移動する人々は「トランスナショナリズム」の現象の一つと認識して“transnational migrants”ということばを用いるのがより適切ではないかと提案している(8)。

ポストコロニアル時代に入ってから、ヒトだけでなく、モノ・情報・資本などが国境を超えて流動化する現象が地球規模で急展開している。

この状況は、日本では一般に「国際化」とか「ボーダーレス化」と呼ばれるが、江淵氏は日本語の「国際化」は、そうした状況にかかわる現象のすべてを一括した非常に多義的な用語で、国家・政府レベルの組織的交流から、個人を含む民間レベルの非組織的交流や労働力の国境を越えての移動の状況まで、実に多様な過程を含んでいると指摘している。また経済分野では「ボーダーレス化」（脱境界化）という語もよく使われる。これに対し、近年の欧米では、国家・政府レベルの組織を基礎単位とする交流・流動化の過程と民間組織や個人を基礎単位とする交流とは概念的に区別して、前者を「国際化」（internationalization）と呼ぶことが多くなっている。つまりこのような視点から言えば、地域社会が体験する異文化交流とは、「トランスナショナリズム」が生み出す地域住民と外国人住民との人間的な触れ合いということになろう。

これまでパワーをもったNGOや熱心なボランティアや外国人を受容してきた地域住民たちが創造してきた多文化共生社会は、トランスナショナルな人々の流れを受け入れ、トランスカルチュラリズム（transculturalism）を形成してきた。それらの人々のもつ文化との交流を通じて、新しい地域文化が創造されていく社会である。そうした異なる文化の接触と交流による新しい文化の創出の姿を、「トランスカルチュラリズム」と呼ぶようになった。

従来、異文化との接触による文化の変化は「アカルチュレーション」(acculturation ; 文化変容) と呼ばれてきたが、この概念は、政治的に強い文化の影響のもとで変化を余儀なくされた政治的に弱い立場の側の文化変化を指すことが多く、その意味では「同化 (assimilation)」と紙一重の用語であった。トランスカルチュラリズムという概念は、文化の接触・交流に関与する人々ができるだけ「文化の対等性」を心がけて、在来の文化を「超える」新しい文化の創造に努力する姿をイメージした概念である。

新しい文化創造は、「境界人」(marginal person) とか「周縁人」(peripheral person) によって進められることが多いとも言われている。

振り返ってみれば、都会の地域コミュニティは、もともと地方出身者を受け入れて発展してきたのだ。「お国はどちら?」という質問は決して、外国人だけに対する挨拶ではなく、日本の地方出身者への質問でもある。

モビリティ (移動性) が高い大都市では異質共存への素地は古くからあったと中央大学教授奥田道広氏は指摘している。奥田氏は、一九九三年に社会学的実態報告として池袋に引き続き、『新宿のアジア系外国人』(めこん) を田嶋淳子氏とともに編集され出版された。立教大学社会学部奥田ゼミナールのメンバーの努力を本の最初に讃えている。「相手に真正面からぶつかり、真摯に対した結果、彼ら (外国人居住者) は自分たちの内面を語ってくれた。」「相手を見て、相手の話を聞く。相手の心を感じる。魂にふれる」インタビューの初歩が全うされたものと思うと奥田氏は書いている。一〇年経って、この労作を再読した筆者は、一〇年前に帰国した留学生たちを思い出して、目頭が熱くなってしまった。

「あなたの人生にとって日本で過ごしたことの意味をどう考えるか」という問いかけに「日本で費やし

た時間とエネルギーは、長い自分の人生にとって測り知れない損失であった」とある。

バングラデシュから来たイスラム教徒の画家は、大学院に在籍しながら、ただひたすら働く焦躁の五年間を過ごして、絶望の中、帰国の前夜、わが家で夕食を共にした。湾岸戦争、母国を襲ったサイクロン、病気、差別や偏見に耐え、学位はおろか、借金返済に追われた。下落合の改札口まで見送った時の後ろ姿は、満身創痍であった。三年後にようやく便りがきた。こころの傷を癒すのに要した歳月かもしれない。家庭をもち、ダッカ大学で助教授となった彼は、日本で苦労した分だけすぐれた教員になって活躍していると思う。八〇年代の留学生と今の留学生とでは、ホスト社会に雲泥の差がある。

また、奥田氏は都市に生きる人の特徴を次のように三つ挙げている。

新しい共同生活に根ざす、(1)洗練さ、(2)寛容さ、(3)親切さなどの意味を含む。そして"urban"の反対語は、(1)垢抜けしない、(2)排他的な、(3)冷淡などの"rustic"であると(9)。

都市社会学の視点から指摘されたこの都市の洗練さ、寛容さ、親切さは、日本におけるトランスナショナルコミュニティの特徴をうまく表現している。

都市環境の創造には、この三つに加えて「対話力」を重視したい。なぜなら、治安維持のためには、住民意識の高揚が大切であり、地域の「対話力」はその鍵を握るからである。

(二)　外国人と治安について

筆者は、平成元年よりこの地域の統括防火管理者として防災訓練を行い、国籍も民族もなく助け合う地域の人々の姿を見つめてきた。消火器を使った消火訓練は、地域の人々が対話を始めるきっかけになる。

通報訓練も日本語で住所が正しく伝達できなければならず、真剣に教え合う努力がなされている。地震や火災など有事の際には、高齢な日本人住民に手を差し伸べるのは、体力のある外国人住民の方である。日本では、医師の資格が生かせず出前持ちなどの仕事している外国人も、「いざという時には、救済救護活動に活躍しますよ」と話してくれる。現在、東京都内では、消防団員になるには国籍条項があるが、再検討が必要になるだろう。

大久保地区の住んでいる年老いた住民たちは、アジア太平洋から来た留学生に囲まれて生活していることを心強く感じている。筆者の親もこの土地に暮らしながら、韓国、トンガ、モンゴル、ナイジェリアなどからの留学生が傍にいるから安心だと語る。日本ほど治安のいい国があるだろうか。区役所もスポーツクラブも美容室も映画館もビジネスホテルも歌舞伎町のど真ん中にあり、そこは、日本一の歓楽街であり庶民の生活圏であり、居住地域でもある。筆者は、留学生を通してこの街の懐の深さを知り、多文化主義の躍動する街の強さを実感してきた。

このようにマルティカルチュラリズムは、地域に確実に浸透している。そのことを確認できる時、人間と情報に関する段階的な開国への途が、今、日本に最も重要であり、かつ実現可能な途であることを筆者は主張したい。

慶應義塾大学教授の榊原英資氏は、「従来からの『人』に関する鎖国政策を解いて、外国人の帰化および就労を大幅に増加させ」、本当の意味での開国を提言し、次のように述べている(10)。

「……何でもアメリカ流にしろというつもりは毛頭ない。しかし、情報資本主義、あるいはサイバー資本主義の時代で、もっとも重要なのは、専門知識であり、それを戦略的に組織する能力である。日本に中国系のベンチャー・キャピタリストやインド系のシステムエンジニアが定住すれば、日本経済にとっては大いにプラスである。

また、介護や看護のためにアジア系の女性に来日してもらうことも、日本にとっても彼女たちにとっても、大変望ましいことだろう。また多くの企業の経営者に（日産自動車の）カルロス・ゴーン氏のような外国人を招くことができるべきだろう。国籍法、入国管理法などを抜本的に見直し、日本を本当の意味で開いた国にすることも考えることが、喫緊の課題になりつつある。国際化とか、グローバリゼーションとか、大変やかましいが、レトリックばかりでなく、実際に、人間と情報に関する開国を今しておかないと、二一世紀の日本は衰亡に向かわざるを得ないだろう。」

榊原氏は、外国人に対する厳しい法的制約は、通常、治安や社会保障問題との関連で正当化されているが、はたして本当にそうだろうかと疑問を投げかけている。外国人の増加と治安の悪化を結び付けて心配する人に対して、榊原氏は次のように語る。

「非合法的入国が事実上大量におこっているが、入国を原則合法化して、それに透明な条件を課し、モニターする方が治安上より望ましいのではないだろうか。形式的に厳格、かつ、運営上不透明なルールは当局の権限を強くすると同時に、ヤクザやマフィアの力をも増加させる。社会保障問題にとっては、外国人の就業が長期化し、その一部が帰化するということであれば、むしろプラスに働く可能性もある。」

新宿に長年暮らして、マンションの管理組合の理事や防火管理者など、実際に多文化共生社会のまちづくりに携わってきた住民にとって、共に暮らす外国人居住者が合法的に暮らしていることは、信頼関係を築く上で基本的な条件である。多文化共生型まちづくりの条件であり、地域の創造する対話力の育成のためにも合法化の途を考えてほしい。

筆者が、異文化の出会い、妊娠、出産、育児のライフステージに主眼をおいて大都市インナーエリアの再生を綴ってきたのは、人間の本質と多様性に基盤において多文化共生社会が実現していくプロセスを克明に描きたいと願ってきたからでもある。ホスト社会は意識の上でも、機能の上でも変化している。地域は、異質・多様性の許容の幅を大きく拡げて発展している。

多文化共生社会は日本の地域に確実に息づいている。

それにしても、二〇〇一年一月二六日、ＪＲ線新大久保駅で、線路に落ちた男性を助けようとした韓国籍の留学生と横浜市のカメラマンが、共に電車にはねられて尊い命を断った無惨な出来事はあまりにも痛ましかった。命をかけた勇気ある行動に応える避難の空間がホームの下に全くなかった。筆者は、こころからの冥福を祈りながら、新大久保駅が多文化共生の象徴的な駅として誰からも愛される安全でバリアフリーの機能と美観をもった駅に改善されることを提案していきたいと思っている。

韓国籍の日本語学校生、李秀賢さんは、日韓の架け橋というより、一人の人間として自分が納得いく生き方を貫いたに違いない[11]。

その行為そのものが、日本の地域社会においてすでに多文化共生社会が到来していることを象徴的に証明しているではないか。

【注】

(1) これはイギリスの歴史学者、アーノルド・トインビーがギリシャのアテネで開催されたコミュニティ研究集会があった折、都市社会学者磯村英一氏に語られた言葉だ。この言葉を記した東京都発行『ゆりかもめ』の随想は、くしくも磯村氏の絶筆となった。

(2) The Age of Migration、一九九三年、『移民の時代』ステファン・キャスルとマーク・J・ミラー、二〇八頁。

(3) 中本博皓、二〇〇〇年。

(4) 国立社会保障・人口問題研究所、一九九七年。

(5) 「北日本新聞」二〇〇〇年一〇月二九日。

(6) 前掲注(4)。

(7) 多文化社会研究会報告、二〇〇〇年七月。

(8) 江淵一公『文化人類学』放送大学教育振興会、二〇〇〇年。

(9) 奥田道広「ゆりかもめ」、一九九七年。

(10) 「毎日新聞」二〇〇〇年四月九日、時代の風・「人」に関する鎖国政策。

(11) この事件は、韓国内の大学の日本語の授業でも議論された。留学中の安全確認の必要性やアジア人としてのアイデンティフィケーションなどのテーマで、冷静に客観性をもって新聞などの記事を読む態度が育成されているそうだ。

第二部　多文化共生社会への教育改革

古代ポリネシアの航海の民は、夢を抱いてカヌーを繰り、太平洋に挑んだ。その夢を復元するかのように、今、トンガの人々は「カリア」の建造に挑んでいる。

カリアとは、トンガ王国の独特の二隻船体の名前だ。一〇〇フィートの原寸大のレプリカを、新しい千年の到来を祝って建造するという。ミレニアム・カリア計画（総額二〇万ドル）は、一九九八年九月に開始された。今日のトンガ人たちは「カリア」を見たことがない。観光・通産・労働大臣のマサソ・パウンガ博士は、「豊かな文化と歴史を二一世紀に伝えることが、トンガ国民の熱望しているところである」と所信を述べてプロジェクトを開始した。フィジーで木材を入手し、トンガで組み立てていく計画に、まずユネスコや台湾が賛同して寄付を始めた。

時を同じくして、私達は新宿を拠点に「多文化教育研究所」を設立し、多様性の海の航海に挑んだ。まず、大久保通りという川の辺に「多文化大学」という誰でも集え、対話を楽しむ学びの場を創造した。二年間に二二回の研究会を開催し、二〇〇〇年一〇月には太平洋を隔ててオーストラリアに多文化教育シドニーセンターを設立した。カヌーの航海を可能にしてくれるのは「創造する対話力（The Power of Creative Dialogue)」である。

第二部は、読者と共に人間の多様性とは何かに挑み、多文化共生社会に即した教育のあり方を考えてみよう。

二一世紀を目前に、二〇〇〇年一二月二二日の「教育改革国民会議」の最終報告に掲げた一七提案の骨子が発表された。現場の教師と親達はそれをどう受けとめたのだろう。

日本の教育の目標は、「人間性豊かな日本人を育成する」ことにあるが、ここで「日本人」とは、日本人でありながら、多様な文化的言語的背景をもった人達が含まれていることをも、教育の視点に盛り込むべきであろう。

第二部では、教育の原点が家庭であることを自覚し、地球市民時代の家庭のあり方をポリネシアの子育てを紹介し、コミュニティが主体になって、垣根のない家庭で複数の親で子どもを育てることのメリットを説く。

先の提案では「学校は道徳を教えることをためらわない」「奉仕活動を全員が行うようにする」「問題を起こす子どもへの教育をあいまいにしない」と述べている。

この提案に対し、「道徳」とか、「奉仕活

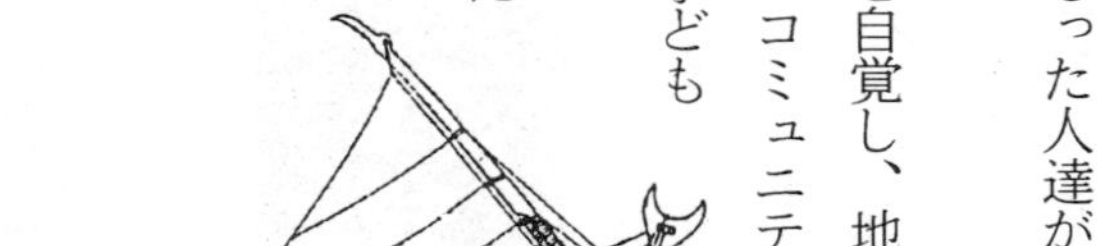

体「カリア」というカヌーが，新しい千年，黄金時
れる。

動」ということばではなく、より時代に即した理念をもつ「多文化教育」を学校教育の指針に位置付けることを提案する。問題を起こす子を単に排除するのではなく、対話型・参加型の「多文化教育」の実践を通して、気づきと感動を体験させ、学習意欲を喚起させることができる。

「多文化教育」は、単にいじめがいけない、差別はいけないと叱るのではなく、たとえば青年海外協力隊のように、その知性と教養を地球の仲間に分かち合うことがどんなに素晴らしいことかを感動をもって伝えることによって、弱い者いじめが地球時代にそぐわないことに気づきを与えることができる。

教育改革最終報告が指摘するように「教育の大切な役割は、一人ひとりのもって生まれた才能を引き出し、それを最大限に発揮させることにある」、また「独創性、創造性に富んだ人間を育てることができるようなシステムに変えていくことが必要である」と述べている。

すべての人間は多様であり、さまざまな断面をもっている。たとえば第二部で紹介するハワード・ガードナーが説いた七つのインテリジェンスの組み合わせの違いでもある。

つまり、そういったインテリジェンスは多文化共生社会の中で鍛えられ、さらにそれを伸ばすことが可

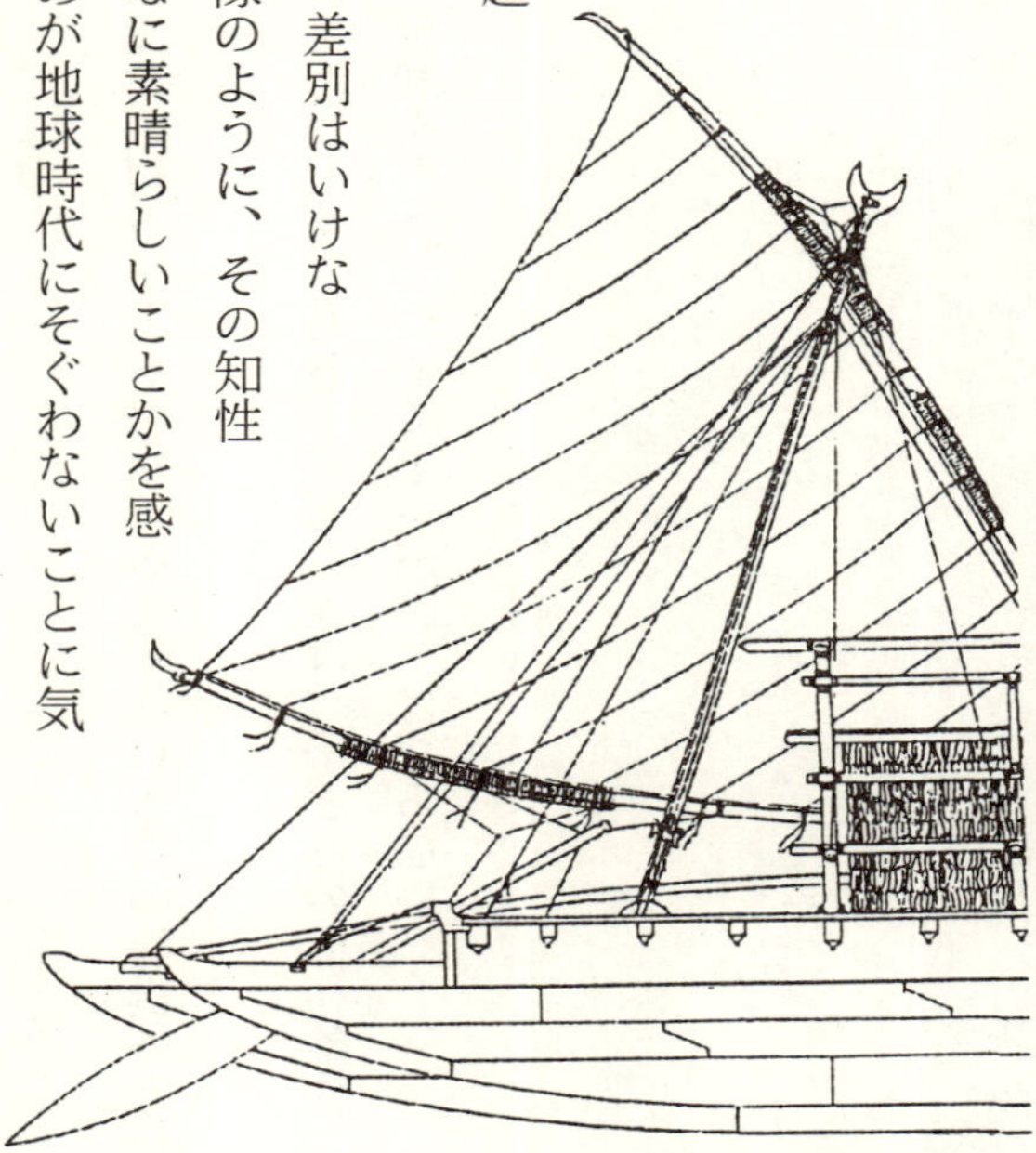

Millennium Kalia　トンガ王国の独特な二隻船
代の到来を示すために，首都ヌクアロファで建造さ

能である。私たちは生きている限り、異文化への寛容性を高め成長していくものではないだろうか。それはジェームズ・バンクスの言う多文化的市民資質（Multicultural Citizenship）に通底するものでもある。国民国家という枠組みは、教育、医療を保障し、人間の基本的人権を守る意味で、今後も依然として残るに違いない。だからといって人間の多様性とは、それぞれの国籍や民族の違いによりのみ生み出されるものではない。

関根政美氏は、伝統的民族文化というものは、国民国家の形成を急ぎ自らの独立を全うするために主張された政治的レトリックに過ぎないことが多いとさえ述べている（関根政美『多文化主義社会の到来』朝日新聞社）。

また教育改革の同報告では「教育を受ける側である親や子どもの求める質の高い教育の提供へと転換しなければならない。」と述べている。

ここでいう親や子ども達とは、多元的な価値をもつ人々である。子ども達は、子どもの権利条約で保障しているように、自分の文化と言語を選択する権利をもっていることも忘れてはならない。

第八章　人間の多様性とは何か

第一節　学校文化の変容

教育改革国民会議は、これからの時代の教育を考えるにあたり、個人の尊厳や真理と平和の希求など人類普遍の原理を大切にするとともに、情報技術、生命科学などの科学技術やグローバル化が一層進展する新しい時代を生きる日本人をいかに育成するかを考える必要があることを強調している。そのような状況下で、日本人としての自覚とアイデンティティをもちつつ人類に貢献するということからも、わが国の伝統、文化など次代の日本人に継承すべきものを尊重し、発展させていく必要があることを述べている。

そして、その双方の視野から教育システムを改革するとともに、基本となるべき教育基本法を考えていくことが必要であるとしている[1]。

筆者も日本人としての自覚、アイデンティティをもつような教育のあり方を考えることを支持しているが、まず最初に「日本人」とは多様な文化をもつ日本人の存在と、外国にルーツをもつ児童・生徒が学校文化の構成員であることを配慮し、同化を強いない教育のあり方を教育基本法の視野に入れることを提案したい。

文部省の「日本語教育が必要な外国人児童・生徒の実態調査」（一九九七年）によると、小学生一万二、三〇二人、中学生四、五三三人、高校生四六一人で合計一七、二九六人に達するとしている。母語別ではポルトガル語、中国語、スペイン語などの順だ。しかし、国際結婚による「ダブルス」と言われる子どもや中国帰国者の子ども、海外帰国子女など日本国籍でも、日本語に不自由を感じている子ども達は、文部省の調査よりもはるかに多く就学していることも考えられる。

またオールドカマーの子ども達は、日本語には不自由していなくとも、異なる民族性をそのルーツにもっている。そうしたことを考慮に入れ、マジョリティの文化である日本文化の同化要請にならないような教育、つまり多文化教育の視点を教育改革に取り入れる必要があると思う。

文化的多様性の中で学校文化はどのように変容してきたのだろう。その一端を、先駆的地区・新宿区のいくつかの小学校の内部と周辺の状況から素描してみよう。

九〇年代、少子化現象の中で外国系児童の割合が年ごとに大きくなった小学校では、外国人児童を対象にした日本語の授業の展開が定着しており、異文化間接触や学力の差が児童のストレスにならないように、早朝サッカーをするなど、精神面にも配慮している。児童館や学童クラブ、図書館には外国語の児童書が多数おかれるようになった。英語、韓国語・朝鮮語、中国語、仏語などの書籍と新聞・雑誌も利用できる。

親の在留資格などを学校では特に確認していない。日本人名を使用していたり、帰化した場合、両親ともに外国籍、片親が外国籍など多様な子ども達が在籍している。父親が日本人で母親がアジアからというケースの子ども達が一番多い。韓国、中国、台湾、マレーシア出身の母親が多い(2)。

保育園・幼稚園時代から多文化・多民族の雰囲気にもまれて自然に多様な文化に馴染んできた子ども達

が多い。通訳を買って出る積極的な子ども達の連帯感は、従来の日本人の子どもだけの小学校では味わえない学校文化を創造している。移住してきたばかりの子ども達は見えないところで不安やストレスを抱え、葛藤を体験しているのかも知れない。しかし、日本語教室と日本語適応指導、クラスの協力体制、保護者の協力、ベテランの教師の落ち着き、学校全体での取り組み、卒業生の支援など、多文化型小学校を支える体制は年ごとに出来上がりつつある。クラスの思いが、日本語が上手く表現できない生徒に向かっていき、徐々に日本語が上達し、積極的になるに従い、クラスの雰囲気が次第に明るさを加えていく。このような雰囲気の変化が、学校文化の変容となり、多文化共生能力を伸ばしているのではないだろうか。

東京学芸大学海外子女教育センター教授の佐藤郡衛氏によれば、異文化間教育の実践の志向性とは、「同化」「統合」ではなく「共生」をめざした教育を構想していくことにある。「同化」とは、異質な文化をもつ個人や集団をマジョリティの文化に組み込んでいくことであり、簡潔に示すならば、A（マジョリティの文化）＋B（異質な文化）→Aであり、異質な文化をマジョリティに同化させていくことである。これに対して、「統合」とは、「文化相対主義」にたつ視点であり、異質な文化を尊重するもののマジョリティの文化は固定したままの、いわばA＋B→A＋Bという状態をさす。これに対して「共生」とは文化的異質性を相互豊穣化の契機とするものであり、異質との共存をはかるために、マジョリティの文化そのものが変容する、A＋B→Cということである[(3)]。

外国系の子どもの多い小学校では、「同化」「統合」「共生」のどの志向性にあたるかというよりも、日本人の子ども達も含めてすべての子ども達が実に多様な家庭環境の子ども達であり、外国系の子ども達を意識する以前に、長年に渡って多種多様な子ども達がすでに多文化の学校文化を形成している。

マジョリティ内部の多様性に着目し、異文化間教育の実践という構えた意識ではなく、多文化を自然に受け入れている。

校長は、地域に開かれた学校としてオープンスクールを実施し、全日すべての授業参観ができるようにしてあり、それだけ自信をもっているという。

子どもがストレスを溜めないように配慮し、ボランティア活動やスポーツが盛んだ。給食の試食会では、栄養士の説明があり、食文化の違いから問題が起こることはないが、衛生面での苦労は多いという。

また韓国と中国の子供が自分の国の言葉で戦争に関するスピーチをするなど学芸会、音楽会、展覧会に多文化的な色彩が出る。日本語適応の教室に向かうとき日常的に全く違和感がないというのは、全員の教員の感想だった。写真のように、教育目標が日本語・中国語・ハングルで表記されている学校もある。

また、この学校はチャイムを鳴らさず時間の管理を自分でする。

平成八年から「生きる力を育む教育」を実施した。自らが判断し、課題に取り組む。総合的な学習の研究（平成一一年に研究、一二年に移行）異文化理解教育が日常的に行われている。家庭科では母国の料理をするなど食文化の違いを認め合っている。

言葉の問題では、連絡網や通知文が読めない点があったが、区の職員の協力と外国人保護者の協力を得て、韓国語、中国語で作

成している。ＰＴＡ役員には外国人保護者も積極的に参加し、連絡事項を翻訳だけでなく、多文化的な学校づくりやコミュニケーションのためにも工夫している。

家庭訪問では言語で苦労することは少ないが、子ども達の流動性は激しく、いきなり帰国する子どももいる。放任、離婚、経済的困難などによるさまざまな家庭の問題もある。子どもの精神的安定を守るため、全員で取り組むチームティーチングで勤務時間外も働いている。

学力については、高学年で編入してくるニューカマーの子ども達にとって中学進学は厳しいが、一年から入学した子供たちはほとんど問題はないという。一概には言えないが、海外から移住してきた保護者の方が教育熱心で、その子弟は、学習意欲があり、のんびりしている日本人の子ども達に刺激を与えているという側面もあるという。日本が最終目的地ではなく、さらに国境を越え移住していく将来のために、子どもの基礎学力の獲得こそが最重要課題と捉えているという。他校から赴任した教師が一様に驚くことは、子ども同士の喧嘩はあるが、国籍や民族の違いが原因の喧嘩はまずなく、学校全体で児童の仲がよいことだそうだ。

医療の面では、健康保険に加入していない場合は病院に行きにくいし、治療費が払えない場合もある。学校では投薬はできないので、養護の職員が容態を説明するしかないといった問題点がある。

次に保護者にインタビューしてみた結果、学校行事に参加することが、家族全員のレクリエーションになっていたり、日本文化だけでなく、多数の文化に触れることができる利点をあげる人が多かった。台湾出身の来日五年の母親は、地域が安全で親切であり、日本語教室（国際交流協会のボランティア）での生活面での助言に感謝していることを述べた。また、来日四年の韓国からの母親は、二人の子どもが本人の意志でハングルと日本語のバイリンガルを目指し、公立中学で上位の成績をとっている。家では韓国語の本に接するようにして、将来は韓国の大学に進学させたいので指導は母親がしている。日本の生活に慣れるためには、日本の公立小学校に入れるのが一番よいと思うと感想を語った。

インタビュー形式では、不満や困難や苦労話を供述しにくいことがあるに違いない。しかし、少なくとも教師も保護者も文化的多様性が促進されることを歓迎し、誇りに感じている。そのプラス面を新しく来日する後輩のニューカマーに伝え、卒業生が小学校の行事に参加するなど、学年や年齢を超えて支え合っている光景が印象的だった。そしてマスコミ関係者のインタビューには消極的になると言う。それは外国系の児童が多いことを強調する記事がでると、学校内部が混乱して学業に相応しくないだろうという先入観を地域に抱かせてしまうからだそうだ。

筆者は、新宿の学校文化の変容を一〇年間、垣間見てきたが、多くの子どもが新しい学校文化の創造に寄与している姿を捉えることができた。日本のすべての学校が、将来このように「共生」の文化を内包できるかどうかは分からない。しかしながら、ここで一言すれば、「共生」を実現可能にするためには、日本人の子ども達の多様性にも着目する教育に長年取り組んできた蓄積を挙げられよう。今後の科学的な実証研究を期待したい。

第二節　多文化共生の学校のメリット

次の提案は、日本の教育関係者が上述したような多文化共生型と思われる現場の生の声に耳を傾け、日本人の子ども達にとって文化的多様性の中で成長することのメリットを認識することである。そのプロセスを教育関係者が把握することも大切である。さらに、そのような学校の経験を日本の教育改革に生かす方法を考えることだ。それは、今後、多文化化・多民族化していく日本の学校をどのように国が支援していくべきかという重要な問題にも密接に関わっている。

筆者はそれが日本の教育改革全体に対して意義ある方向性や理念を生み出すもとになると思う。グローバル・マイグレーションの流れを受ける地域社会にありながら、旧態依然とした国民育成の教育政策が続けられることは、地球市民育成という観点からも改善されなければならない。さまざまな文化をもった子ども達のアイデンティティを生かす教育を本格的に教育改革の中に位置付けてほしい。これからの日本人は多元価値社会の中で多くの選択肢から自分を生かす道を選びとる力を養い、地球社会への貢献を志向する教育を必要としている。

東京大学大学院教授の箕浦康子氏は、日本の教育は、ニーケの言う異文化との「出会い」、情動を揺り動かすような本当の出会いを作り出すことにも成功していないし、見知らぬものとの出会いで葛藤を経験するところまでいっていないと指摘した上で、本当の異文化との出会いをどう作るのかが今後の課題であると指摘している[4]。

前述の小学校の状況は、異文化に接する機会と出会いや葛藤の場が日常的に経験できる点で大きな格差がある。

地球市民的な教育の場がすでに実現しているにもかかわらず、教師は、文部省の指導要領に則って教育を展開している。その枠内で独自の多様性に対応する教育を実践してきた。それぞれの学校文化に相応しい教材開発や多様なカリキュラムが必要なのだ。そういう学校内の努力に地域も日本全体も無関心であってはならない。地域の特性を生かす教育をするには、教師の発想や経験が十分に生かされるシステムを作らねばならない。

さらに箕浦氏は、異文化間教育を妨げている一要因として、日本の教師には根強い教科学習観と教師中心の授業観をあげている。そういうものを乗り越えて、異文化間教育を普及するための第一歩として異文化間教育を実践できる教師の大学における養成と現職教師の意識改革を目的とする研修の必要性を指摘している。

筆者が取材を通して感じたことは、教師達はすでに多文化的な教育の実践を通してその重要性を把握しており、意識改革はとっくに行われていた。むしろこのような先駆的な教師達から、その実践の手法や事例を学び、支援し、日本全体に認識を高める努力を文部省や学会がすべきではないだろうか。

このような多文化型の学校が、子ども達の学習意欲を促進し、学力の向上にプラスに作用する教育に挑戦していることに着目すべきである(5)。

外国人児童のための母語維持の教育や帰国子女教育はどのようになされているのか、調べてみよう。

越境する子供たちや複数の文化的背景をもった子供たちの学力を、これまでの一元的な偏差値ではかることはもはや妥当ではない。教授言語である日本語の習得なしには、現在の主要教科についていくことは難しい。

どのような学力の評価の基準が可能かを話し合ってみよう。

マスコミや研究者の取材が殺到する新宿区の保育園や小学校では「外国系の子ども達が多いことが問題なのではなく、それを問題視する社会の方が、問題だ」と強調した。あなたはどう感じますか。

第三節　さまざまな次元の多様性

本書は人の多様性とは何かを問い直すことに主眼を置いている。人の多様性が民族や国籍による文化に限定されないことは、すでに述べた。もっと本質的なものがあるのではないだろうか。そういった問いかけに一つの明確なヒントを与えてくれたのが、ハーバード大学院教授ハワード・ガードナー氏（Howard Gardner）が唱えた「多重知能理論（theory of multiple intelligences,MI）」である。

マルティプル・インテリジェンスとは、七つの知能のことで、MIピザという楽しい表が示すように言語(Linguistic)、論理・数学(Logical－Mathematical)、空間(Spatial)、身体・運動(Bodily－Kinaesthetic)、音楽（Musical)、それに対人関係（Interpersonal）と自律と内省（Intrapersonal）などの知能を指す(6)。対人関係や自律と内省などもあえて知能（Intelligence）と呼ぶことによって、これまで主要な科目や分野のみが知能と呼ばれ、他の分野と差別化されている現状に疑問をもち、人は誰でもこれらの知能を生得的に全てもっていると主張している。知能とは、生物的に潜在的能力は決まっているものの、ある程度までは教育や訓練で伸ばすことができるとしている。

筆者がこの理論に注目した理由は四つある。

まず、ＭＩ理論が人の多様性を積極的に肯定し、偏差値重視で少数の知能だけが別格に高く評価される現状を変えていく理論的な裏づけになっている点である。人の個性や多様性をこれらの多角的な知能の組み合わせの違いと捉え、学校での主要な評価体制の中でも、積極的に子ども達の多様な知能を見い出し肯

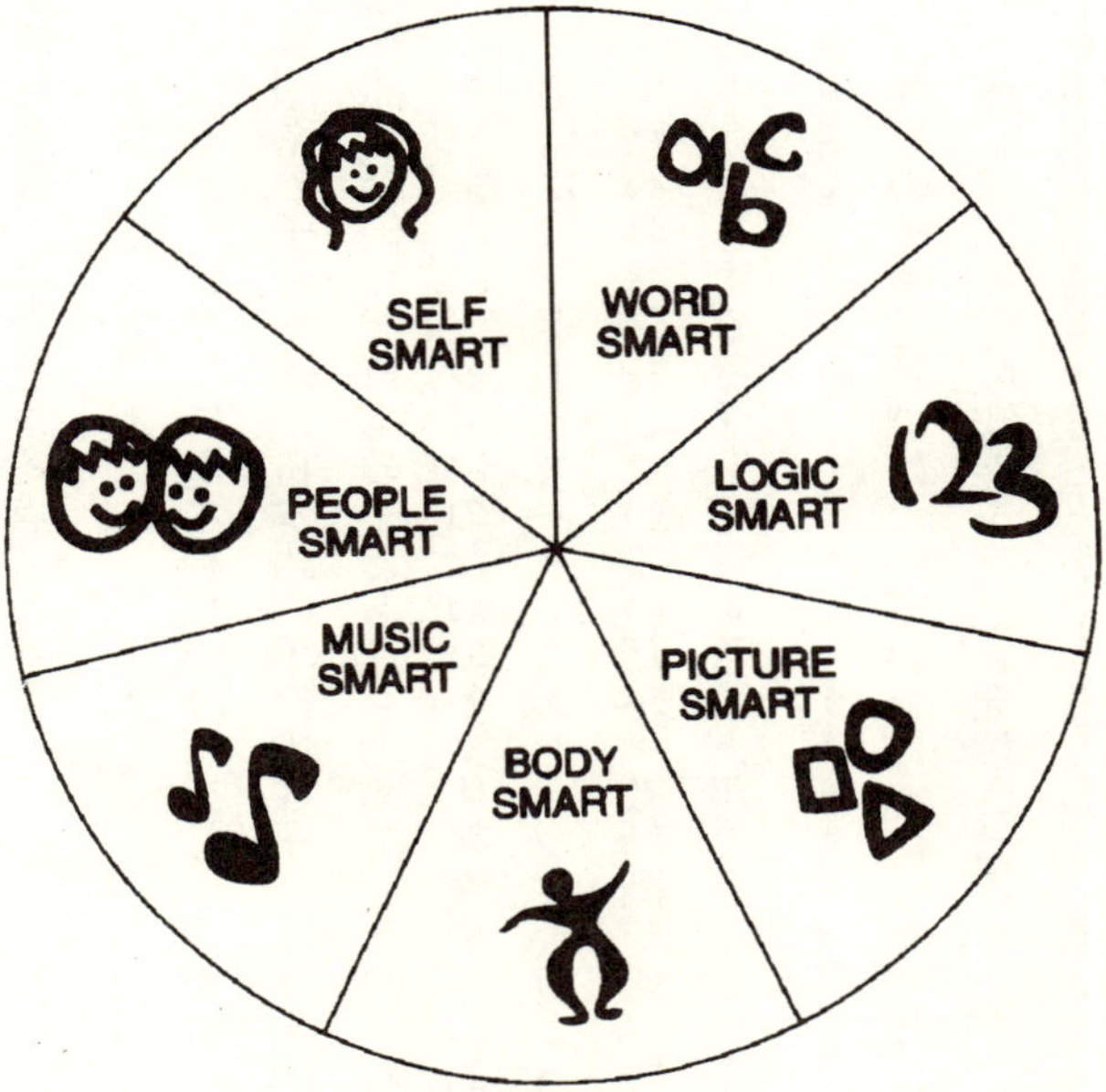
SELF SMART
WORD SMART
LOGIC SMART
PEOPLE SMART
MUSIC SMART
PICTURE SMART
BODY SMART

FIGURE 4.1
MI Pizza

FIGURE 5.2
MI Planning Questions

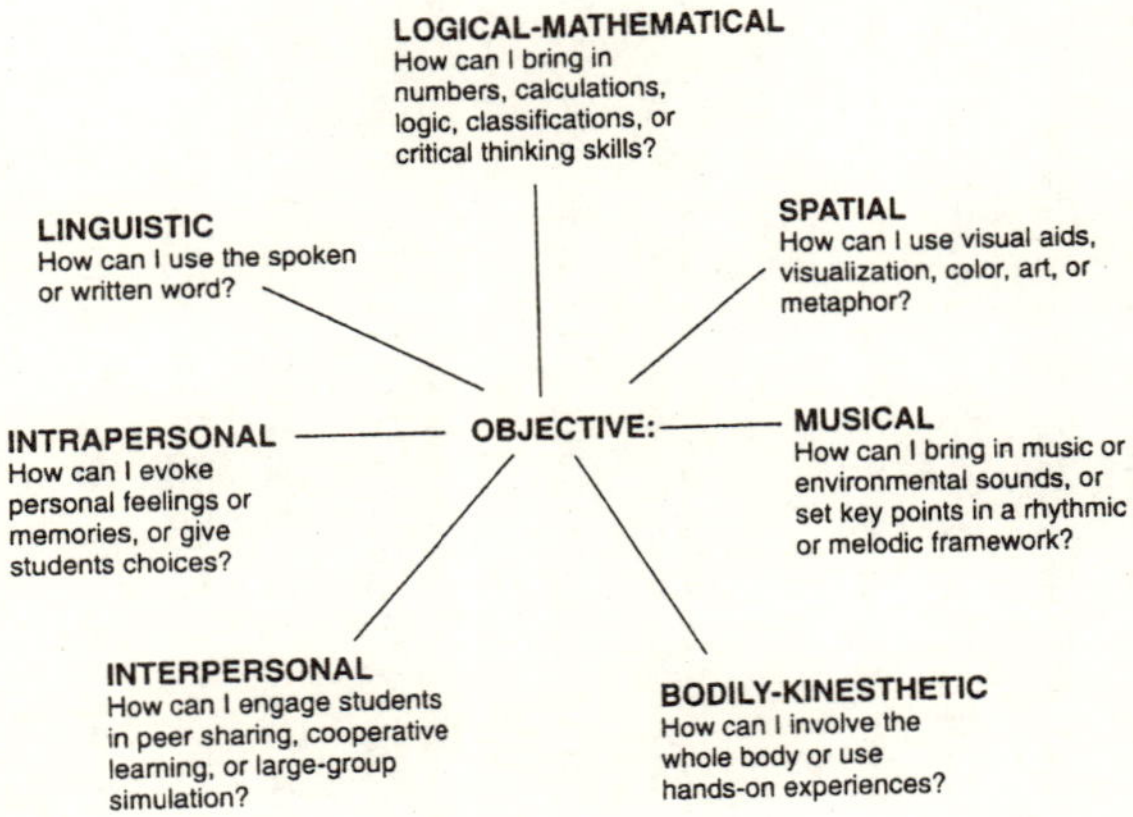
LOGICAL-MATHEMATICAL
How can I bring in numbers, calculations, logic, classifications, or critical thinking skills?
SPATIAL
How can I use visual aids, visualization, color, art, or metaphor?
LINGUISTIC
How can I use the spoken or written word?
OBJECTIVE:
INTRAPERSONAL
How can I evoke personal feelings or memories, or give students choices?
MUSICAL
How can I bring in music or environmental sounds, or set key points in a rhythmic or melodic framework?
INTERPERSONAL
How can I engage students in peer sharing, cooperative learning, or large-group simulation?
BODILY-KINESTHETIC
How can I involve the whole body or use hands-on experiences?

(出典：Armstrong，T.“Multiple Intelligences In The Classroom”1994.）

MI理論の利用法を考えてみよう。
七つのピザを自分のことばで日本語に訳してみよう。

定的に評価しようとする点である。

これまで日本の学校では、「いい子像」からはみだしてしまう子ども達やこぼれ落ちてしまう子ども達に対して、それぞれにふさわしい評価をしようとする時、その指標がなかったことが問題だった。外国系の子ども達や日本語の不自由な子ども達を分離するのではなく、その子ども達のもっている多様な知能を評価し、日本の子ども達も含めて、それぞれにふさわしい評価をすることができるのではないだろうか。まさに、多様性のための多文化教育を理論的に支えようとしている。

二番目には、トーマス・アームストロング教授（Thomas Armstrong）が、この理論を利用して教室で生かすための提言をしているのだが、教師側がすべての生徒に対して、それぞれの潜在的な知能を伸ばすための教育をする責任を認識することができるという利点がある。

渡辺幸倫氏の報告[7]によれば、教室活動の中ではさまざまな知能を刺激するような活動が求められ、さらに従来の教室活動ではついていきにくかった生徒に対して特に気配りをする必要がある。この理論を上手に使えば、生徒の知能を刺激し発達させることができるとともに、知能間に格差のある生徒もバランスよく知能を発達させることができるとしている。具体的な教室での活動例では、教室活動の一つひとつがすべての知能を均等に刺激するのに適しているとはいえないが、どのようにすればより全方向的な活動ができるのかを検討したいとしている。

しかも、この一連の変化が周辺に位置付けられていた人々だけでなく、以前からの主流指標の枠の中で高く評価されていた人々にとっても利益になり得るということはさらに重要である。

つまり興味深いのは、外国語教育で空間知能を刺激する活動の例をあげ、言葉の意味を視覚化できれば、従来の教室で見られがちであった翻訳をしながら理解するということもなくなる。しかも、思考過程から直接発話につなげることができれば、より第一言語の発話過程に近づけることができる。言い換えれば、ここでの視覚化を使った教室活動は視覚空間知能の優れた生徒にとって学びやすいやり方であるだけではなく、その他の生徒にとっても有益な活動となり得るという。他の科目の教師もこの理論が応用できるというわけである。

第三の理由は、ＭＩ理論の視点を多文化型コミュニティの問題解決に適用し、多文化共生型まちづくりの創造に効果的に役立てることができるのではないかという点である。「全ての人が多角的な知能の全てを持っているが、文化によってどれをより強調し、重要視するかが異なる[(8)]」だけで、多文化社会の構成員の違いは、知能の表れ方が出身文化によって異なるだけであるという捉え方を可能にしているのだ。いわゆる「民族文化」や「エスニシティ」に基づく構成員のグループ分けから日本人の意識を解放し、「文化」だけでは理解し切れなかったような、境界上にいる人々も含めて、構成員一人ひとりをそれぞれ個性ある個人としてみる視点を生み出そうとしている。つまり、職場や地域を楽しくしてくれる理論だ。

第三章で述べた妊娠から出産に至るプロセスを例にとって説明してみよう。妊娠と出産は、人種や民族にかかわらず普遍的なものだが、文化的社会的要因の影響を大きく受けやすい。文化的に多様な地域社会での出産環境では、固有の文化的背景を土壌に民族的アイデンティティに基づく価値体系を意識し、影響を受ける。そのことを周囲は理解して、同化要請にならないような配慮が必要ということは、助産婦養成のための教科書『在日外国人の母子保健』（李節子編集）にも述べられている通りである。しかしながら、個々の文化的背景を強調し過ぎるとそれぞれの本質的な多様性というのが、無視されてしまう可能性がでてくる。つまり妊産婦の文化的、社会的背景を理解し、同化圧力をかけないという配慮は無論大切だが、それと同時に、人のもつ知能のコンビネーションは、人種や民族にかかわらずすべて違うというこのMI理論のような視点も同時に認識しておく必要があるのだ。

換言すれば、多様性の視点は多元的で重層的であり、いくつもの網をかけて人間の「異なり」を把握できる。

MI理論は少数の指標で見ていた事柄に、より多くの指標を導入することによって、軽視されていた知性を再評価し、周辺に位置付けられていた人々を正当に評価し直すことを可能にする。さらにこの理論によって、これまでの日本の社会が偏差値を重視し、日本人の多様性に力点を置いてこなかった弱点を補い、「人の多様性とは、多様なインテリジェンスのコンビネーションの違いから形成される」という新しい視点から捉え直すことができる。それは教師中心の授業（teacher–centered）ではなく、子ども達の知能の特徴や学習方法（learning style）の違いに着目し、生徒中心の授業（student–centered）がいかに重要であるかということも示唆している。個性を重視する教育とは、礼節もなく勝手気ままな子どもの行動を容認するということではなく、子どもの多様な知能や能力を積極的に評価することによって、すべての子どもの創造力と独創性を育てる教育であろう。少なくとも偏差値のみによって「あの人は優秀で、この人は優秀ではない」といった評価をする地域社会や家庭環境に終止符を打つことができる。大学への進学においても、それぞれの学生の独自の目標に応え、能力をさらに伸ばしていける環境を自ら創造する大学を選択する時代である。

これまで、個性重視の教育が提唱されても、一体どんな指標をもって個性を評価するかが分からなければ、教師は、何が個性だか、何が学力だか、捉えにくかったはずだ。
個性について話し合ってみよう。

二一世紀には、それぞれのもつ優れた知能を評価し、いじめや差別のない学校文化、地域文化を創造しようではないか。
それには、親や教師、そして社会が、人の多様性にもっと肯定的な深い理解を示すべきだと思う。多様性について話し合ってみよう。

ＭＩ理論の中でも対人関係の知能（インターパーソナル・インテリジェンス）と自己をみつめる知能（イントラパーソナル・インテリジェンス）については、日本の教育が重視してこなかった知能ではないだろうか。

対人関係の知能（Interpersonal Intelligence）は、他者の気分、意思、動機、感情などを理解し峻別することができ、それに対応する能力であり、対話力の基礎をなすものでもある。

つまり、対話力や対人関係の能力を、人の基本的な知能の一つと捉え直すことが極めて重要であり、それを肯定的に評価する教育のあり方を今後検討していく必要があるのではないだろうか。

自律と内省の知能（Intrapersonal Intelligence）、つまり自分の内面を知り、自己をコントロールし、それに応じた行動ができる能力とは、具体的にどのような能力かを話し合ってみよう。

さらに人間の知能の「三部理論（triarchic theory）」を提唱し、知能研究の第一人者と言われるロバート・J・スターンバーグ氏（Sternberg,R.J.）によれば「アメリカでは能力が重視されるが、日本では努力が重視される。どちらも成功や失敗の原因になるのだから、どちらの文化も部分的には正しい。しかし、両方とも考え方の好き嫌いの違い、つまり思考スタイルについては重視してこなかった」と指摘している。

「学校が求めるものに適合しない思考スタイルをもつ生徒でも、教え方や評価の仕方を変えれば、適合する思考スタイルの生徒と同じように、あるいはもっと良い成績を上げるかもしれない、ということを学校は認識しなければならない」と提言している。

社会的知能とか、実際的知能、感情的知能（ＥＱ）、そして前述の多重知能ＭＩなどの概念は、人は何が「できる」かという考えを拡げてくれる。だが、思考スタイルの概念は人は何を「するのが好きか」、つまり自分の能力をどう利用するか、という考えを拡げてくれるのである。

スターンバーグ氏の著書『思考スタイル－能力を生かすもの－』（新曜社）には、思考スタイルの機能、形態、原理と発達などの他に分析的知能、創造的知能、実際的知能など多様な知能の理論があり、個人の長所を生かすためには三種の知能に応じた教授法の効果を確かめた実証的研究が紹介されている。

このように、外国系の子ども達の存在やその割合にかかわらず、子ども達のもつ多様な知能や思考スタイルの差異などに関して科学的な実証的研究が必要なことを教師は認識しなければならないだろう。同時に親と社会は、子どもの学校の成績や偏差値だけで、子どもを評価するのではなく、すべての子ども達が多様な能力と思考スタイルをもち、さらに伸ばしていくことが可能であることを認識し、勇気づけをしていくべきだと思う。

そして自分自身が劣等感を抱いていた知能も、これから充分伸びていく可能性がある。ＭＩ理論を研究することによって、自分自身の能力を正当に評価するきっかけをつくることは意義がある。これまで教師が一方的に生徒や学生達を評価してきた。これからは双方が評価をし、その評価のプロセスをも大切にする時代なのである。

【注】

(1)「毎日新聞」二〇〇〇年一二月二二日。
(2) 学校側では、個人情報や家庭のプライバシーは一切公表できない事情もあり、外国系の児童数は公表しない。
(3) 佐藤郡衛『国際化と教育』放送大学教育振興会、一九九九年。
(4) 箕浦康子「異文化間教育の実践的展開」『異文化間教育』一九九八年 No.12. 異文化間教育学会。
(5) 教師自身が民族や文化についてどのような価値観や態度をもっているかは、多文化教育の実践に大きな影響を与える。青年海外協力隊のOBや海外体験が豊富な教師によって、例えばインドネシアのガムラン音楽を演奏したり、アンクロンを全員が演奏できる学校など、工夫次第で開発、環境、異文化間教育などが実現できる好例でもある。
(6) ガードナーは後に自然愛好の新しい知能を加え、八つの多重知能理論を提唱している。
(7) このMI理論に関しては多文化社会研究会第二三回（二〇〇〇年一二月）の渡辺幸倫氏との共同研究発表を元にまとめた。
(8) Armstrong 1994. "Multiple Intelligences In The Classroom", Association for Supervision and Curriculum Development.

第九章　対話のある開かれた家庭を創ろう

多文化主義という視点は、人間は複数の文化的アイデンティティをもつことができるという考えに基づいている。複数の言語を話し、複数の文化をもっている人はより敏感で共感しやすく、柵や境界線をつくるより橋渡しをすることの方が多い。同化政策のように削減的になるのではなく、多文化主義は付加的な人格や過程をつくりだす。（コリン・ベーカー『バイリンガリズムと二言語教育』から）

第一節　在日トンガ人との出会い

木枯らしの中で、四谷のカトリック教会の深夜のクリスマス礼拝が始まるのを長い列が待っていた。隣合わせたトンガから来たという巨漢の留学生が、「寒いですね」と言葉をかけてくれた。体重一二〇キロ、一九〇センチというこのラグビー選手は、まばゆい星空に微笑を浮かべて次々にジョークを飛ばして寒さに震えていた周囲を笑わせた。「僕の兄弟は一七人です」。ミサが始まると彼の賛美歌は礼拝堂のすみずみに響き渡った。ミサが終わると夜明けまで歩いているという。大学の寮は東松山にあるから、ひたすら歩いて夜明けを迎えるという。トンガ人は目的なく歩くことも、家族の団らんや食事と同様の価値をもつのだと言う。……数日後、英文の礼状が届き、新宿大久保地区に移転してきた。

在日トンガ人約三〇名をまとめる拠点を創造し、ホームレスには必ず声をかけ毎週食事を提供した。食物を分け与えることが、トンガ的であり、物を独占することは最も恥ずべきことである。地域のラジオ体操に参加して地域に馴染み、学業と新婚生活を大久保で両立させた。筆者が最も興味をもったのは、トンガ人の能動的対話力とトンガ式の子育てと開かれた家族観だった[1]。一七人はジョークではなかったのだ。

早稲田大学教育学部と静岡市の市民講座などでのグローバル教育に留学生と一緒にトンガを紹介したところ、人が国境を越え、異文化にもまれながら多文化化していくプロセスに共感を伴い、多民族が共に暮らす肯定的な多文化社会のあり方を考えるようになったという多くの感想文が寄せられた。四年間の大学の授業で最も感動した講座だったという感想文

訪問したトンガの小学校では，どこでも子ども達の笑顔に囲まれた。

もあった。市民講座や小学校でもグローバル教育は頻繁に行われた。筆者は単身、それらの大学生の論文と小学生の作文や絵画を抱えて、マーシャル諸島、フィージー、西サモア（現在のサモア）、そしてトンガ王国に飛んだ。

一人では寂しすぎるからと、村人達が次々と家に招いてくれた。ポリネシアの文化にひたり、子ども達に囲まれ、どこにも笑いが溢れ、一つひとつのことばが生きていると感じる日々であった。

トンガの公立小学校で日本の家庭と子ども達の生活を紹介するグローバル教育の機会が与えられた。これまで日本は経済大国であり、トンガにとって最大の援助国であるという点だけが強調されてきたが、日本の子ども達はトンガの子ども達から多くのことを学びとっていることを話した。

まず、家事の手伝い、妹弟の子守り、多様な遊び、バイリンガルな環境（家庭内言語はトンガ語、学校言語は英語）など日本の子どもにとって大きな刺激になったことを。

また、コミュニティの集会では、開かれた家庭のあり方や、高齢者との対話の中で子ども達が成長していることなど、ポリネシアの生活文化から日本人はどこかで忘れてしまった子どものしつけや家庭団らんの豊かさを学んでいることを紹介し、お互いに学び合える喜びを共有した。

多元的な価値観が存在する日本社会の中で多くの日本の子ども達は、核家族という独立した家族の中で、両親という限られたモデルをもちながら外界と隔絶した形で成長しているが、トンガではトンガ的社会という一様性の中で複数の親達に厳しいしつけを受け、あちこちの家庭に寝泊まりして多様な人々との接触を通じて成長している。一人の子どもが何人ものフェエ（母）とタマイ（父）をもち、大勢の兄弟姉妹にもまれ、成長することによって精神的に解放され、対話力を伸ばしている。夜は歌声とともに村人達が大勢集まってきて、満天の星空を讃歌した。トンガは、教育熱心で知られている。子どもを一人前の人間に育てるための訓育とは何か、こころを開き、意味ある対話が始まった。

一八〇か国以上、四〇言語以上から人々が共に暮らす多民族な都市での出会いが、やがてコミュニティや教育を再考するきっかけとなる。能動的な対話力と異文化接触の機会によって何を学んできたかを話し合ってみよう。

第二節　教育の原点は「開かれた家庭」にある

開かれた子育てと能動的対話力とは密接な関係性をもっている。子どもにとって遊びや家事の手伝いや大勢の兄弟姉妹や地域の子どもや大人の中で育つことは、文化化、社会化の第一歩であり、重層的に相乗効果をもって対話力も培っている。養子縁組も頻繁で、家族関係は実にややこしいのだが、それが、子ども達に重要な意味をもち、対話力の育成に関わっている。

複数の親、つまりマルティプル・ペアレンティング（multiple parenting）を奨励し、子どもの世話はコミュニティ全体でする。産みの親と育ての親の存在もその真実をオープンに語り、子ども達は複数の家庭を行ったり来たりして成長することが多い[(2)]。

筆者は、常に前進する明るく大らかな自分の母親の他に、信仰心が厚くピアニストで完璧主義のアメリカの母と、もう一人、すべてあるがままを受け入れてくれる寛容な夫の母という三人の母親をもったお陰で、少なくとも三つ以上の多様な子育てのモデルをもてた。それぞれの子育ての長所を受け継ぐことによって、限定された価値観による育児ノイローゼになることもなかった。

教育の原点は「開かれた家庭」にあり、自分が親になった時も、自分の価値観がすべてだという限定された価値観を子どもに押し付けないように心掛けた。ホームステイによって子ども達が多様な家庭生活を体験し、複数の親をもつことによって、子ども達は自分の本当の親の良さも理解してくれる。複数の家庭の味を知り、家族愛の多様な表現に恵まれ、それぞれの良いところを吸収しながら成長することができる。子どもは自分自身を理解し許容してもらえる範囲を広げることができ、親は、しばし親業から解放され、楽になる。その余力で他の子どもを受け入れて、わが家と自分自身を見直すことになる(3)。

筆者はトンガに行って、開かれた家庭の多文化化のメリットを地域だけでなくさらに世界に拡げる時代を感じている。

親と子どもの関係性を閉鎖的な家庭環境に閉じ込めるのではなく、垣根のない「開かれた家庭」の中で、多様な人々の協力を得ながら育てることを提案したい。それは、親の負担や不安を軽減し、子どもにとっては、複数の大人のモデルをもつことによって、親子のダイアッド（二者の関係性）を弱くし、限定されない多元的な価値観をもつことを可能にするからだ。現在の日本の親子のダイアッドは、かなり強い(4)。

特に母と子の密着度は、過保護を蔓延させ、子どもの自立を阻んできた。また多くの場合、日本の父親は不在であり、父性は欠乏したままだった。

いみじくも二〇〇〇年一二月、「教育改革国民会議」は最終報告で「教育の原点は家庭」を第一に掲げ、具体案として家庭での「しつけ三原則」をつくった。子どもと一緒の時間を増やす、親の教育活動を促すため企業が「教育休暇」を導入、講座、カウンセリングなどで家庭を支援、「教育の日」の制定などをあげている。

おそらくこれが実施されたとしても、企業戦士だった父親は、しつけと対話をいかにしてもたらしたらよいのかに戸惑うことだろう。そんな時は、トンガのマルティプル・ペアレンティングや、筆者が提唱するホームステイがヒントになれば幸いと思う。自分の子どもだけの父親になるのではなく、地域や世界に開かれた父親になって欲しい。

第三節　多文化化する人間のプロセス

多文化共生社会の中では、一人の人間が、国境を越え、移動と移住を通して他文化にもまれることによって、自己の環境が多文化化していくプロセスを身近に学ぶことができる。

ベネット（C.I.Bennett）は、人が多文化的になる過程とは、どのような人間に育っていくプロセスなのかを次のように具体的に述べている(5)。

- 自分自身の文化的思考に挑戦し、自分自身の世界観が自分の属する集団の文化によっていかに形成されてきたかを思考する人間。
- より正確に文化交流の相手を理解し、評価する能力をもち、二つの文化間の対話をつなぐきずなとして活動できるような第三世界的観点を発展させる人間。

- 異なる文化をもつ人々との間に文化的共感を示し、想像的にそれらの人々の世界に入ることができる人間。

さらに朝倉征夫氏は、ベネットがいう多文化化のプロセスを次のように要約している。

「同化要請による自己のアイデンティティの否定、あるいは自己の文化と主流の文化との間の自己の二分化を回避し、多文化的人間となる過程、即ち、認識、評価、信仰、実践について多様な観点をもち、自分とは異なる認識、評価、信仰、実践について文化的共感をもって理解し、時にはそれに参加しうる過程なのである[6]。」

以上の多文化化のプロセスを在日トンガ人たちの話の中から感じとることができる。トンガ文化と日本文化に共感しながら、トンガ語、英語、日本語をこなし、バイリンガル、バイカルチュラルな人格形成を遂げている。

日本語を喋る時にはやや日本人的な感覚であり、トンガ語を喋る時は、そのしぐさや思考方法もトンガ的であることが多いという。コード切り替え（codeswitching）は極めて速い。日本人男性と結婚以来一〇数年以上日本に在住したトンガ女性は、家事と子育てを通して違和感なく日本社会に深く溶け込み便宜的に帰化もしたが、決してトンガ人としてのアイデンティティや誇りを失ってはいないと言う。

同じく日本人男性と結婚した最年長で四谷在住のトンガ人女性は、五〇年以上の日本での生活を振り返って、もはやナショナルアイデンティティを超越し、国籍や民族の違いなどは、人生にとってさしたることではないと言う。民族や宗教の紛争ほど愚かしいことはないと語ってくれた。

かつて幕内力士として活躍した南の島（通称アラニ）も多文化化の過程を語る一人のモデルである[7]。一九七四年一八歳で来日。カルチャーショックを味わいながらも朝日山部屋で稽古に励む傍ら、日本語の家庭教師を頼んで猛勉強した。四年後には、新聞が読めるほどにもなったが、常に温かく指導してくれた親方が逝去。一九七八年、やむなくトンガに帰国した。

警察官となりトンガ女性と結婚。現在、一九歳を頭に七人の男児と一人の女児の父親となった。トンガの主な島には安心して出産できる病院が一軒ずつあり、出産時に夫は洗濯と料理に精を出す。八人の育児をこなすには夫の協力が必要不可欠で、庭には運動会の万国旗のように洗濯物が干してあった。

「トンガでは女の仕事で一番きついのは洗濯だ。洗濯機は二台目だけどフル回転で壊れそうだよ。男の子はきつい家事を毎日よく手伝う。日本の子供とは違うね。」「家に帰ると、子供たちが騒いでいるから、すごくうるさい。子どもの歓声の中で、仕事を忘れくつろげる。家族団らんが一番大事だ。働き蜂、企業戦士、過労死という日本の現実はトンガでは最も悲しむべきことだ。」

アラニ（左から二番目）の家の前で（筆者：同三番目）

アラニはPolice Academy（警察官養成学校）の校長として、警察官の指導に当たり、特別救助隊の隊長であり、モルモン教会のビショップとしても人望があり、尊敬されている[8]。

「グローバルな教育が、日本にもトンガにも重要と認識し、理解を深めれば、双方の国のメリットになる。トンガでは、開発、人権、環境といった言葉を正しく理解している人は少ないが、情報技術の波をいきなりかぶり、ライフスタイルが急変するトンガで最も重要なことだ。」

彼の穏やかな指導力は、人が多文化化する過程で、心のフィルターを増やし、前向きでかつ寛容な精神力を培ってきた人格が滲み出ている。

「日本では、ホームシックになったが、差別やいじめにあったことはない。親切だし、よく働くし、やさしい。」

トンガと日本を往復していると、「トンガでは家族の対話が無くては寂しくて生きていけないし、コミュニティの助け合い無くしては国がなりたたない[9]」。

第四節　バイリンガルな島々の風景

「日本には王様がいますか。」
「日本の子どもはどんな遊びをしますか。」
「学校では何を勉強しますか。」

トンガの子どもの英語とトンガ語のバイリンガリズム（bilingualism）に照射するとき、対話力育成の教育を太平洋島嶼諸国に学ぶものが大きいことに気づく(10)。

子ども達は、家庭内言語はトンガ語、学校では英語で授業を受ける。英語を公用語とし、新聞、ラジオなどマスメディアは二言語対応、学校教育はすべて英語だ。英語に接する頻度が高い。英語が全く話せない人や苦手な人がいないわけではないが、日本に比較すれば、バイリンガリズムは遥かにトンガの方が成功している。

母語としてのトンガ語に対する誇りが強いことが、バイリンガリズムを支えている。ロン・クロコーム博士によると、太平洋島嶼諸国には世界の四分の一の言語が存在し、文化の多様性とともに、それぞれの言語を保持してきた民族の誇りがあるという。一六世紀に欧米諸国の太平洋地域への進出が始まり、その結果として、共通文化への変容を生み、共通言語としての英語を浸透させることになる。オセアニア世界に客観的均質性や共通性が存在したとしても、人々の意識は島ごとに、あるいは生活集団を形成する部落ごとに独立性、孤立性が強固であった(11)。

共通言語の出現は、島嶼諸国間に共通意識を生むコミュニケーション手段として最大要因であったが、

トンガの公立小学校でグローバル教育を行う筆者（中央奥）

トンガ語、サモア語、フィジー語というように自らのポリネシア母語への誇りこそが、バイリンガリズムへの基盤となっている。子ども達の英語習得への動機付けは極めて強い。

次に、将来は海外に移住する夢をもち、兄弟姉妹が多く、兄や姉が英語を話せることにあこがれて育つ環境がある。島全体、国中がバイリンガルを標榜し、マスメディアが二言語で対応している。二言語併用の意義を国民が納得している。

また、トンガ語自体が、王様への会話、貴族のことば、平民の使用言語と分かれていて、日常的にコード切り替えが上達している。家庭には辞書もなく書物も少ないが、対話への「あこがれ」によって話せるようになっていくのだ。

彼らがもつ言語的環境と習得のプロセスはこれからの日本の言語教育、対話力育成の教育に示唆的であり、日本におけるバイリンガリズムの視点を考える上に有益である。

筆者は、日本において、外国人の日本語教育とか、日本人の英語教育という視点に加えて、「多言語社会のバイリンガリズム」という視点をもつことの大切さを思う。多言語主義は多文化主義と同様に大事な視点である。しかし、日本にはバイリンガリズムへの「あこがれ」や「夢」をもつ人が少ない。

ソロモン諸島出身の友人は、五か国語を喋るが、懸命に学習したのは日本語だけで、他の言語は家庭で自然に習得していったと語る。母語から第二言語、第三言語と、異なるの親戚の人との対話を通して、言語の習得は容易になった。彼らの言語習得は、家族の拡大や養子縁組といった開かれた家族関係との関連をもってなされていくことが分かる。さらに多言語の習得は文化的多様性の楽しさを受容するようになる。

ことばの習得は自己の世界を広げ、自分の内面に豊かな文化を見い出す。他者への寛容性は自己への寛容性にもなり、自己受容を可能にし、内面的な文化的豊穣はセルフエスティームをさらに高める。自分自身に優しくなれるという相乗効果は、新たな対話力と行動力の源になる。

以上のように家族形態と言語習得のメカニズムは、太平洋諸国の人々が創造する対話力を培うのに重要な土壌であること分かってきた(12)(13)(14)。

日本では小学校三年生から英語教育を取り入れようとしているが、このようにトンガの言語環境を考察してみると、それだけでは、英語を習得することは難しいことが予想される。トンガのバイリンガリズムを参考にして「早期英語教育」「二言語教育」の利点・注意点などを話し合ってみよう。

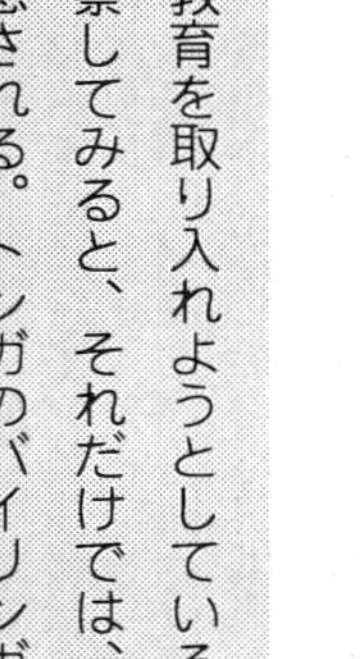

〈筆者の提案〉

単に英語力を伸ばそうという発想ではなく、まず対話力が人生にとって、また日本の社会にとっていかに大切かを認識し、対話力を高く評価する環境を創り、それを教育のシステムの中できちんと位置付けた上で、第二言語としての英語教育を始めることの方が重要だと思うのですが、読者の皆さんのご意見を聞かせてください。

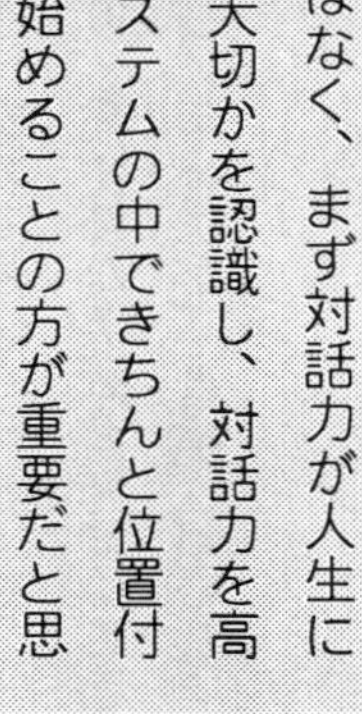

第五節　移住する子ども達に、なぜ母語保持教育が必要なのか

幼い子どもの手を引いて新たな言語世界に移住する親達は、さまざまな不安を抱える。親は自分自身の言語能力を問うとともに、子どもが新たな地域社会にうまく溶け込み、新しい言語を習得できるだろうか、友達を獲得できるだろうかといった不安を感じており、確たる教育方針をもって移住するケースは少ない。むしろ、経済力の獲得や新たな生活設計に主力を置かざるを得ない場合が多い。

子どもの言語習得にとってこれが最良の時期なのか、最良の滞在期間なのか、最良の教育環境なのかという問題に、充分に配慮する余裕をもてないまま大多数は移住に踏み切っている。ほとんどが子どもを連れての移住は初めての体験なのである。

一方、文化や言語を異にする多様な地域からの移民子弟を随時受け入れなければならないホスト社会にも不安はある。そういった地域の小学校の教育現場は、多民族、多言語の波を寛容に受容しながらも、日本語の不自由な子ども達にどのような言語教育を展開し、どのような受け入れ方をすべきなのか、悩みを抱えながら日本語指導を実施してきた。

それぞれの子ども達の能力も、出身地も、定住期間もまちまちでその家庭事情は多岐にわたる中で、教師はどの子にも平等に配慮をしたいと考える。日本の学校が、日本語ができない子ども達を受け入れた歴史はまだまだ浅い。このように双方が経験不足の中で、移住する子どもの言語習得が展開しているのが現状だ。

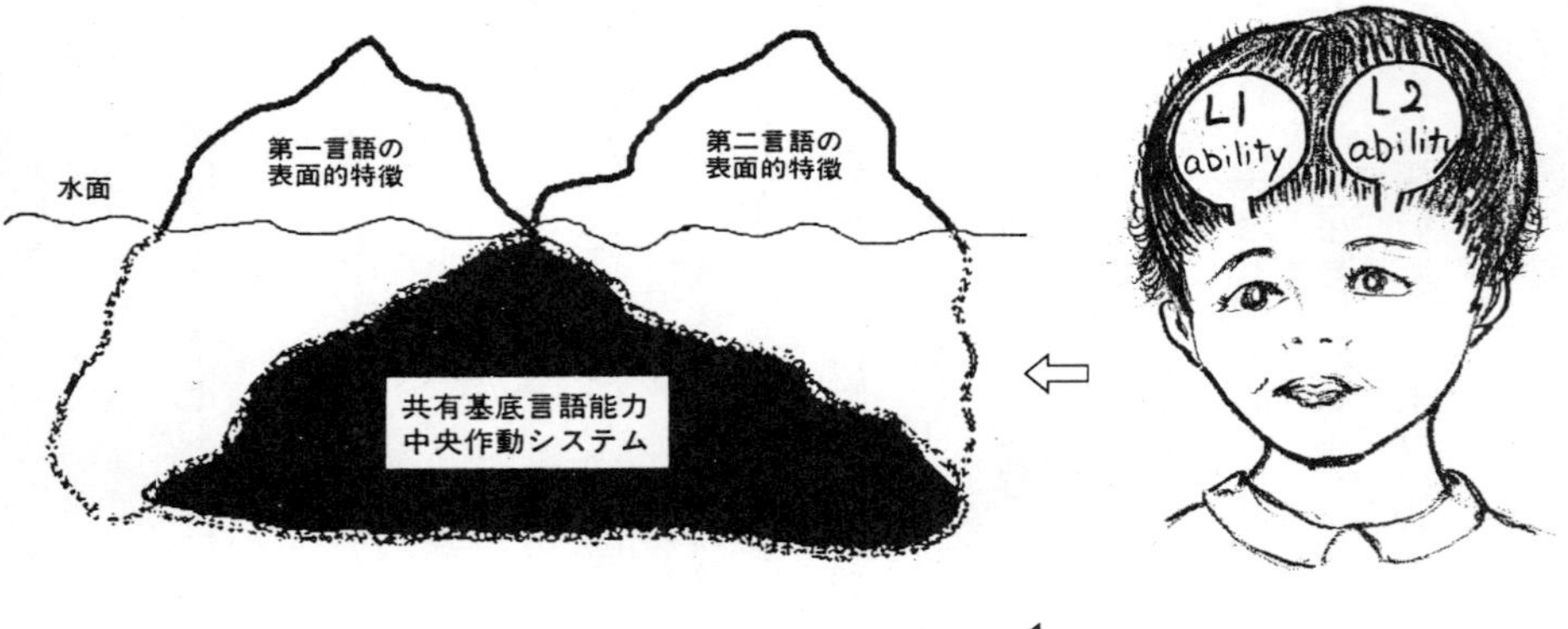

氷山のたとえ　⇦　風船のたとえ

子どものこころと脳のメカニズムを通して第二言語習得を考察してみよう。もとより自分自身の言語を選択し、習得し、自己を表現する権利は、子ども自身にあるはずである。自文化、自言語の選択権を国連が、「子どもの権利条約」を通して規定しているのは、そのためである。

ともすると経済力の獲得や道具的な言語の役割が、より大きな価値をもってしまうのは、今や地球上どこでも同じような様相をみせている。そして、民族間の政治力が拮抗するとき、継承語や民族的少数言語の保持が強調される。子ども達は、そういった大人の利益に振り回されてはいないだろうか。「子どもの権利条約」の第二九条では「教育の目的」が規定されている。その目的の一つとして「子ども自身のもつ文化的アイデンティティ・言語・価値」の尊重があげられている。筆者が着目したのは、見落とされがちなこの「子どもの権利」ともう一つは、バイリンガリズムの第一人者コリン・ベーカー（Colin Baker）によるバイリンガリズムのメカニズムにある。

一九世紀の初めから一九六〇年に至るまで、早期バイリンガル教育は子どもの知能の発達にとってマイナスに作用しているかのように考えられ、バイリンガル（bilingual）がモノリンガル（monolingual）に劣っていると思われる傾向にあった。

こういった考え方は、二つの言語がはかりの上で共存している状態、あるいは頭の中に「二つの言語の風船」があるとする考えに結び付けている。モノリンガルは十分に膨らんだ風船を一つもっている。一方、バイリンガルは図に描いた少年の頭のようにモノリンガルの半分の大きさの風船を二つもっているようにマイナスにイメージされた。しかし、この考えを否定する研究が一九六〇年代、カナダにおいて提出され、さまざまな論争を呼んだのである。

「二言語併用児は一言語使用児より、非言語知能と総合知能指数が高い」。これは一九六二年ピールとランバート（Peal,E & Lambert,W.E.）がカナダに住む英語とフランス語の併用児（一〇歳）とフランス語のみを使用する同年齢児とを、性別、社会、経済階層、二言語併用度などに配慮して選び出し、知能検査を行った結果であった。

その後、長期にわたってSt.Lambert Projectという実験が行われ、一九六五年から一九七二年までの実験結果は、「数年にわたる同一被験者たちの標準知能測定によって、二言語併用体験の結果と言える知能欠陥もしくは知能の停滞のいかなる徴候も見られなかった。」としてバイリンガル教育の無害を実証している。

さらに一九八〇年には、二言語共有説（linguistic interdependence）がカミンズによって実証された。「バイリンガルの二つの語学力は別個に存在するのではなく、共有部分（cross-lingual dimension）をもっており、特に認識力・学力と密接な関係をもっている言語面で相互依存的である。従って一つの言語で習得した語学力は、移行（transfer）してもう一つの言語も同時に強まる。」というものである。

文化庁の野山広氏によると、これは子どもにとって二つの言語を習得する過程で、双方の言語力に良い影響を与えうるとしている。つまり、文化的アイデンティティの確立や文化的不均衡や精神的不安定さの回避という意味においてもバイリンガル教育が奨励されてもいいと世界的に考えられるようになった。この考えは今広く世界で支持され、日本でも、この考えから母語を保持することは、日本に移住した子どもの第二言語、つまり日本語をよりよく習得する上にも大切であることが認識されるようになった。

〈バリンガリズムのメカニズムとカミンズの理論〉

子どもにとって二言語を習得する脳のメカニズムはどうなっているのだろう。

カミンズ（Cummins,J）は、カナダへの移民の子弟を調査して、彼らがしばしば流暢な会話力を示すものの、抽象的な思考が要求される英語だけによる授業についていくには充分でないことに着目していた。彼は、日常会話などの具体的な言語活動において不可欠な言語能力の一側面をＢＩＣＳ（基本的対人伝達能力；Basic Interpersonal Communicative Skills）と呼んだ。一方、授業中に展開される抽象的な思考活動において不可欠な認知活動と関連した言語能力の一側面をＣＡＬＰ（認知・学習言語能力；Cognitive/Academic Language Proficiency）と呼んで区別した。そして、このＣＡＬＰはＢＩＣＳと比べてよりゆるやかに発達することを指摘したのである。上述したように第一言語と第二言語の能力に関連するＣＡＬＰは相互依存的なものであると考え、「二言語共有説」という理論を唱えている。

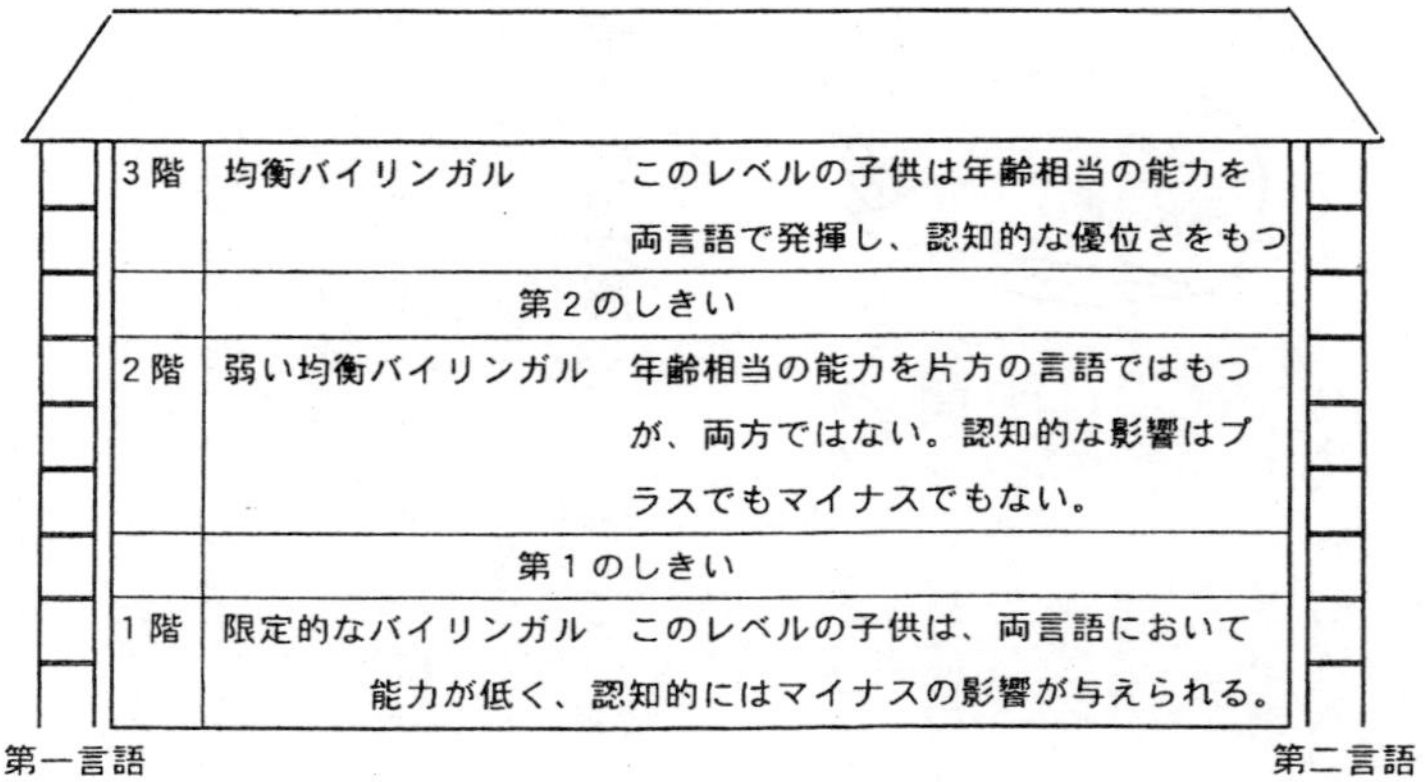
3階　均衡バイリンガル　このレベルの子供は年齢相当の能力を両言語で発揮し、認知的な優位さをもつ
第２のしきい
2階　弱い均衡バイリンガル　年齢相当の能力を片方の言語ではもつが、両方ではない。認知的な影響はプラスでもマイナスでもない。
第１のしきい
1階　限定的なバイリンガル　このレベルの子供は、両言語において能力が低く、認知的にはマイナスの影響が与えられる。
第一言語
第二言語

（出典：『バイリンガル教育と第２言語習得』コリン・ベーカー）

さらに、バイリンガルに至る過程には第一言語と第二言語の双方の習得に努力しなければならない。カミンズは敷居理論（threshold hypothesis）という考えを発表した[15]。

要約すれば、第二言語による教育が知的発達を促進させるためには、第二言語の最低限度の習熟度が一定の敷居の高さに到達していなければならないとするもの。二つの言語はハシゴを一段一段上るようにしてその能力を伸ばしながら、均衡バイリンガルに至るという。野山広氏によると、この考えは現在世界の多くの地域で支持され、言語施策の基本になっている。この理論を基盤にして子弟の置かれた状況を踏まえ、二言語を並行して育てるメカニズムを定式化すると以下のようになるという。

A　母語（L１）が社会の主要言語で、接触量も多く自然に育ちやすい環境では、第二言語（L２）を強めることによって二言語を並行して伸ばすことができる。

B　L１がマイノリティ言語で、自然に放置すれば接触量がなすぎるため、社会の主要言語であるL２に置換されてしまうおそれのある環境では、L１強めることに成功すれば二言語を並行して伸ばすことができる[16]。

母語維持の問題に対してカミンズは次のようにも述べている。

「少数言語の子弟が高度な二言語の力を伸ばせるかどうかは、母語がどのくらい発達するかにかかっている。もし、思考力がまだ充分に育っていない場合は、Ｌ２における思考力を育てる基礎を欠くということになる。従って二言語使用の教育的な効果をあげるためには、親が家庭でＬ１を強める努力をすることが大切である[17]。」

現在、日本国内で日本語教育を必要とする子ども達は約一万七、〇〇〇人と言われている。その子ども達は（Ｂ）のメカニズムに入るケースが多いわけで、母語保持の教育が必要なのである。しかし、母語保持の重要性を理解し、認識している日本人は少ない。多言語社会の狭間に成長する子ども達の気持ちを考えてみよう。

今後、日本は日本語の不自由な子ども達にどのような日本語教育を展開し、同時に母語保持の教育も行っていけるかについて話し合ってみよう。

今後、家庭内言語が、学習言語と異なる子ども達が増加することを想定して、どのような配慮が必要かを話し合ってみよう。

【注】

(1) このトンガ留学生は大東文化大学で経済博士号を取得し、トンガ王国観光労働通産大臣となった。
(2) 青柳まち子『子育ての人類学』河出書房新書、『トンガの文化と社会』三一書房。
(3) 川村千鶴子『外国人をホームステイさせる本』中経出版。
(4) 青柳まち子『子育ての人類学』河出書房、一九八七年。
(5) 朝倉征夫『人間教育の探究』酒井書店、育英堂。
(6) 朝倉『前掲書』。
(7) 一九五二年、アラニは平民の子としてトンガタブ島に七人兄弟の五番目に生まれた。アテレ高校に在学中は寮生活を五年、自宅通学を一年経験した。
(8) 重要な任務は特別救助隊の隊長として、ハリケーンなどの被害のあるとき、救助にあたる隊員を率いることである。
(9) 移民の送り出し国であるトンガでは、現在、車の普及、食生活の変化、核家族化、ビデオなどの影響、価値観の多様化、児童福祉の進展、晩婚、離婚の増加などさまざまな変化の中で、伝統的トンガの子育ても変わりつつある。しかし、平均出生率五・二人、厳しいしつけと家事労働、相互扶助、兄弟と姉妹の関係、養子縁組などの特色とともに、バランスのよい育児の実現をめざしている。
(10) 二回目には離島ヴァヴァウを訪れた。
(11) 小林泉『太平洋島嶼諸国論』東信堂、一九九四年。
(12) トンガ唯一のアテニシ大学を何度か訪問して、文化人類学の授業を受けた。「世界で最小の大学」と学長のフタヘル教授夫妻は、美しいスイレンの花が咲いたキャンパスを案内してくださった。
トンガでは、トンガ語への誇りが高く、ブルームフィールド教育庁長官はトンガ語の教科書によるトンガ語の授業を展開できる大学を創るのが夢だと話してくれた。

(13) 新宿区大久保地域センターでは「トンガ文化研究会」が毎月開かれ、トンガ語の会話集の編纂、トンガ語教室、トンガの料理、トンガダンスを楽しむ会などがトンガ留学生の指導の元に続いている。

トンガからのラグビー選手達を激励してきた大東文化大学の中本博皓教授（関東大学ラグビーフットボール連盟会長）は、太平洋島嶼諸国の経済事情の研究だけでなく、日本語の対訳がついたトンガ語会話集を奥野照氏と共に編纂している（http://www.daito.ac.jp/~nakamoto/karia.html）。また、井上紀子氏はトンガ留学生の母親代わりになって、彼らを激励し、物心両面で支援している。

トンガ語を丹念に学ぶことによって文化の尊さを知る。このような研究会を続けてみると、太平洋地域を核実験場にしたアメリカ、英国、フランスの平和意識の欠如に呆れる。東北公益文科大学教授斉藤達雄氏によれば、南北太平洋での実験数は三か国分を合わせると三三二回になるそうだ。

(14) 世界には消滅の危機にある言語が多い。サイパンの小学校では原住民の言語であったチャモロ語やカロリニアン語の継承のために、どちらかを必修科目として選択し、移民の子弟は、母語と英語と選択した継承言語の三言語の言語世界で成長している。

(15) 『バイリンガル教育と第二言語習得』コリン・ベーカー著。

(16) 野山広「多文化主義に支えられた地域社会の未来」『多民族共生の街・新宿の底力』明石書店、一九九八年。多文化社会研究会では、文化庁の野山広氏を中心にバイリンガルについて研究した。

(17) 野山『前掲書』。

トンガ文化研究会のメンバー。
多くの人々が集い，研究と共に交流を深めている。

第一〇章 「創造する対話力」とは何か

第一節 児童虐待から愛の家庭への途

子どもを虐待した罪で、収容所に入れられている親達には、対話力の育成に主眼を置いた教育がなされている。アメリカの事例では、親はそれまで一度も自分の子どもをほめたり、勇気づけたりしてこなかったことを反省し、どうやって子どもをほめたらよいのか、どのようにして対話を再開していくかを学ぶコースを受講することになる。同じような罪を犯した親同士が、アイスブレイキングから自己開示のプロセスを通して、対話の重要性を認識し、自己を受容し、やがて子どもとのコミュニケーションをどのようにとっていくかを学ぶ。

そして自分が子どもを本当は愛していることを確認し、それを言葉で表現できるようになるまで、対話力の訓練を受ける。愛を語る言葉を、自分で見つけだすまでには長い時間がかかる。さらにそれを声にして発話するには大きな勇気が必要になる。ねばり強い雰囲気がグループの中に出来上がり、ついに愛を伝える言葉を発することができるようになった人を周囲は立ち上がってこころからの祝福を送る。この息をのむような長く重いプロセスには、受講者でない人々にも、すべての人々に感動を与え、対話力の重要性を学ぶのに役立っている。

対話を喪失した家族にとって、家族をほめることがいかに難しいことか。

愛と虐待とが、紙一重のところに存在し、沈黙は凶器にも毒にもなり得る。子どもは親の沈黙と無視に傷付いてきた。その上に暴力が加わる時、子どもは絶望し、生きる力を失ってしまう。

子どもを育てるということは、常に愛していることを言葉で伝え、子どもが努力していることをほめたたえ、子どもを誇りに思っていることを照れずにことばで表現することが最も大切なのだろうか。過保護になってしまう心配はないのだろうか。

「以心伝心」を信じて対話のない家庭に慣れてしまうと、後になって対話のある家庭を取り戻すには、一〇倍・一〇〇倍のエネルギーを必要とすることになる。家族にはスキンシップが必要だし、お互いにほめあって損することなど何もない。

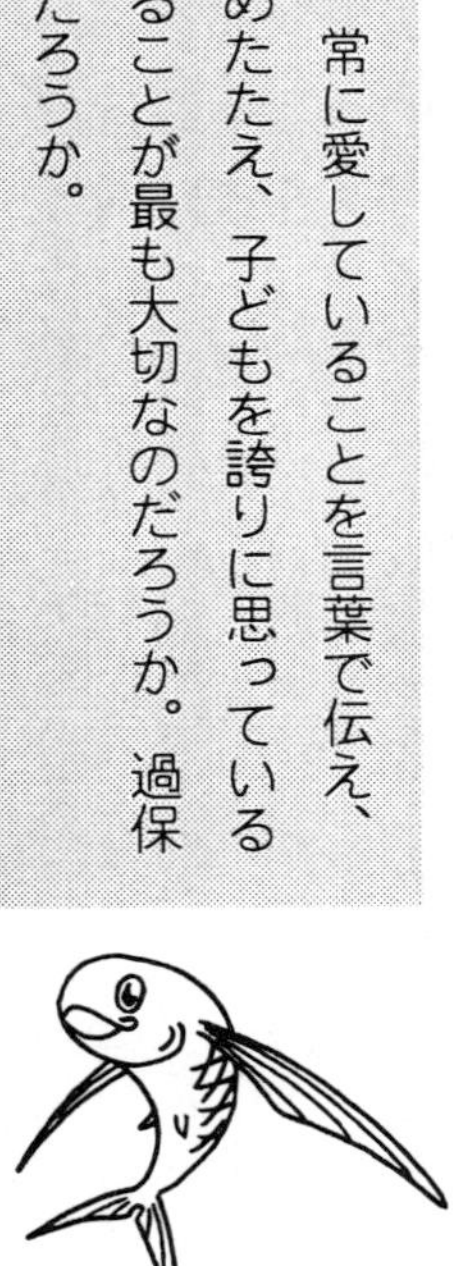

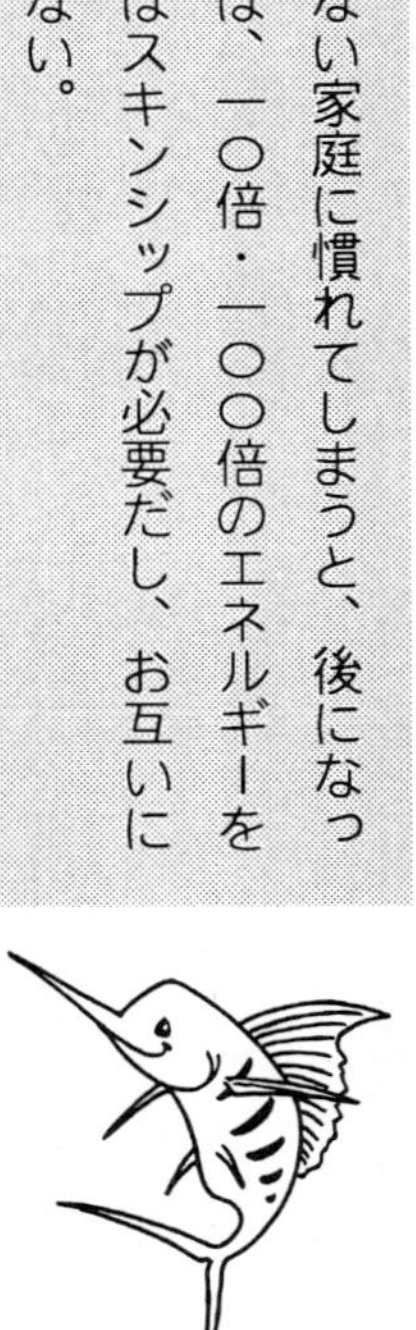

第二節　家族団らんの義務

南太平洋に浮かぶ小さな島国・サモアの刑務所は、家族との対話は受刑者の権利であり義務と捉えている。土曜日にはそれぞれ自宅に帰り、家族団らんを楽しみ、日曜日は教会で礼拝を受け、その後再び家族団らんをする。家族の対話を重視した国の理念がここに表されている。夕方刑務所に帰り、月曜日の朝からは、プランテーションで汗を流す。日焼けした受刑者からは笑顔がこぼれていた。もっともサモアでは、凶悪な犯罪は滅多にないから実現できるのかもしれない。いずれにせよポリネシア全域で、家族の団らんが仕事よりも何よりも重視されていることだけは確かである。

サモアの伝統的な家（ファラ）は壁がない。柱と屋根があり、その自然な造りは人に解放感と安らぎをもたらす。広い庭に、家族の墓があった。子ども達は、朝、登校する際、「おじいちゃん、いってきます。」「おばあちゃん、今

ファラ（家）の前庭に家族の墓がある。サモアの首都アピアにて（筆者撮影）。

日はいい天気だよ。」といった具合に声をかけて出かけるという。「お墓が庭の中央にあれば、死んでも寂しくないからね。」とサモア人は、家族の対話の大切さを教えてくれた。

　太平洋に散らばるミニ国家は、多文化主義でないと生き延びることができない。海に隔絶されるアイランダーたちは生き延びるための知能を伸ばしている。小笠原諸島、ホノルル、サイパン、マジュロ、アピア、トンガタブ、グアム、スヴァ、ヴァヴァウ……を歩いて、アイランダーとの出会いの中で、一つの発見があった。

　生き延びるための知能とは、「創造する対話力」であり、それは人生の航海術でもある。

人はいくつになっても親から愛されたいと願っている。そして親にほめてもらいたいとも思っているものだ。しかし、叱ったり、注意をしたりすることも必要だ。ポリネシアでは子どもへの体罰は愛の証だと考えられている。話し合ってみよう。

ポリネシアの子どもにとって家事の手伝いは日課であり，校庭の掃除にも精を出す。

第三節　受刑者が読む母語の一冊

これは、栃木刑務所に暮らす一人のベトナム人受刑者からきたお礼の手紙だ。読んでみてほしい。

「私はこの刑務所に来てかなり時間がたちますが、今回、初めてベトナム語の書籍を借りることができました。その中に、日本の歴史を書いたものがありました。……この本で、私は、一九四五年には日本の本土も激しい戦争にさらされたこと、三月には東京が米軍機の激しい爆撃を受け、八月六日にはアメリカに広島に原爆を投下し、その三日後の八月九日には第二の原爆を長崎に投下したことを知りました。この話は、五〇年以上前の歴史的な出来事なのですが、これを読んだ時には、私のこころが痛み、本当に怒りを覚えました。

特に私のベトナムは、長い戦争の惨禍に見舞われた国です。この戦争は私たちベトナム人にいいしれぬ傷を残しました。夫を失った妻、父のいない子ども、私の家族もこのような境遇におかれました。戦争というものは、世界の多くの民族に数知れない損失と傷をもたらしたのです。……戦争のあと、日本人は戦争が残した多くの困難、試練、危機を乗り越え、勤労者の勤勉さと節約のおかげで、急速な復興と発展をとげました。私ができることは、小さな一部分のそのまた一部分でしかありませんが、この日本の民の勤労道徳を学び、その一躍を担いたいと願っています。……このような有益な本に接することができたことは幸いでした。……」

母国を離れ、国境を越え、不幸にして他国の刑務所で暮らす人々にとって、母国語の本に出会えたら、その読書は格別で、そこにはきっと深い味わいのある対話が生まれるに違いない。刑務所や少年院などにあって読書の恵みに薄い人々に、図書を送り、慰め、激励し、再起を促そうとしてきたＮＧＯが新宿にある。四七年間で一二五万冊の本を送り続けている。刑務所や少年院からは感謝の気持ちが込められた礼状が多数届いている。

新宿区袋町にある㈶日本出版クラブは、少年院や刑務所に本を贈る運動をすでに五〇年近くも続けてきた。外国人受刑者にも同様に母国語で書かれた図書を送ることを続けている。また、日本ベトナム友好協会は、第一期に百冊、第二期に二〇三冊を栃木刑務所に寄贈した。読者が読まれたのは、ベトナム人受刑者の図書に対する礼状の一つである。

九四年九月一〇日の読売新聞は、外国人受刑者の日本語学習と職員の外国語研修を取り上げている。日本で服役する外国人に対して、ことばの問題は大きい。調査を受ける過程で、微妙なことばのずれ、誤解や解釈の違いが問題になる。職員はペルシャ語、中国語、タイ語、スペイン語などの集中語学研修を受けることができる。筆者は職員研修に語学だけではなく、多文化教育も組み込まれることが望ましいと思う。多民族が共に生きる空間には多文化教育が必要だからである。また受刑者にも、日本語教室が二クラスあるとのこと。月千通を越す手紙の閲覧にも語学力を問われ、ひと苦労。食事もイスラム教徒には豚肉を除き、エスニック料理の研究する。外国の図書も多く、フランス語、アラビア語、ネパール語まで二八か国語約一万五千冊。学術書もあり、人気は推理小説。しかし、言葉の多様化の早さになかなか追いつかない状況が報道された。

㈶日本出版クラブは、日本の出版業界の善意の集積として、日頃本を読む機会の少ない施設の子供や母子寮の人々に読書の喜びを分かち、刑務所や少年院などにあって読書の恵みに薄い人々を慰め、激励し、その再起を促そうとしてきた。不慣れな異国で、刑務所に入っている人達が、母国語の本を手にする感動はきっと大きいに違いない。

どうやって世界の国々、特にアジア各国の言葉で書かれた本を集めるのだろう。刑務所では回し読みができないので、冊数が必要だそうだ。外国語の本を旅行カバンに入れてせっせと出版クラブに運ぶ人々がいる。その一人、芦田順子氏（目黒ユネスコ協会常任理事）にどうやって世界の図書を手に入れるのかを聞いてみた。

「地域でバザーをやって呼びかけたりしています。別に特別なことではなく、こういうことはいいことだと思ったら、すぐやるように心掛けてきました。」

さり気なさが、爽やかだった。芦田氏は日本語教育の教師と保護司もこなしている。

地域の善意の広がりが、貴重な外国語の本を集めて同出版クラブに集められ、そこから刑務所の壁を取り除いて、本が渡っていく。国籍も在留資格も問わない対話の交流の一つの形がここにある。

多文化共生社会では、言葉も習慣や宗教をも異にする外国人受刑者も日本人受刑者と同じような保護と処遇を受けられるような行刑施設や運用の態勢を整えていくことが求められている。

一冊の本が、このように地域を循環して、おそらく手にすることができない壁の中の人々にまで届くのであれば、それは本の執筆者にとっても出版社にとっても大きな喜びではないだろうか。海を越えた本によって対話力を呼び起こすことができるのであれば、その本は十分に使命を果たしたと言えるだろう。

マスコミの報道などによって、外国人には犯罪者が多いという誤解が広がることを憂慮しつつも、地域には黙々と弱い立場に置かれる人々との対話を心掛けているボランティアの人々がいる。信頼の対話は、彼らが母国に帰った時に、日本の想い出として語られ、日本の印象として拡がっていくと思う。そういう現実と時代の流れをマスコミが丹念に取り上げる姿勢が大切だ。

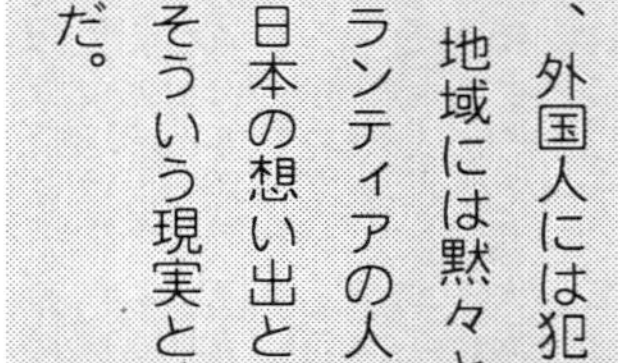

第四節　環境創造への対話

地球儀を抱いて、南太平洋のクック諸島を中心にして地球を眺めてみよう。広く大きな水半球と呼ばれる蒼い地球が迫ってくる。地球儀がなければ、本書のカバーを見てほしい。

地球の三分の一を占める太平洋を眺めるとまさに、地球の生命の源は海であるという感動が湧いてくる。クック諸島、ミクロネシア連邦、フィジー、キリバス、マーシャル諸島、ナウル、ニウエ、パラオ、パプアニューギニア、サモア、ソロモン諸島、トンガ、トゥヴァル、ヴァヌアツといった星くずのような島嶼国の島々が散らばっている。五千年も昔からどこからか人々が住みつき、ことばを交わし、歌い、踊ることによって悲喜こもごもの日常を表現してきた。太平洋は共生の海である。

ヤシの実と魚を食べて、家族の団らんを大切にして、美しい海を守ってきた。島々を旅してみると、自然の恵みを大切にし、パシフィック・ウェイを主流とした彼らの生活こそが、海を守り、地球を守ってきたのだという感謝の気持ちがあふれてくる。

人々が地上の楽園と賞賛してきた南太平洋の人々の暮らしが、今、人の移動と経済発展の途上にあって、文化は破壊され、貧富の差を生み出し、海は汚染し、地球の温暖化によって国土はまるごと海に沈もうとしている。道路や家が、海の中に刻々と沈んでしまう状況を見ながら暮らす島の人々は、温暖化によって海面が上昇し、祖国が奪われてしまうことの恐怖を切実に訴えている。

▼キリバス共和国の大統領の叫びに、耳を傾けてみよう。▼

筆者撮影。地球の温暖化によってこの美しいヤシの並木も海に沈む日が確実にやってくる。

May I urge all my fellow–humans to think and act together about the fate our mother earth as she is already being injured and hurt by our unlimited wants and demands upon her and she is silently calling us to stop fighting over our selfish interests and to help her back to recovery.

All she is asking from each one of us is to care for her the way she care for us and to learn to live in harmony with her.

(Message from the President fo The Republic of Kiribati H.E.Teburoro Tito,MP)

今や母なる地球は私たちの際限のない欲望と欲求とですでに深く傷つき、倒れかけています。

母なる地球はそれぞれが己の利益のみを追求するための相互の争いをやめ、彼女の健康を回復するために助けてほしいと、静かに私たちに訴えています。今、母なる地球が、私たち一人ひとりに望んでいることは、彼女がこれまでに私たち人類を大切に育んできたように、今度は私たちが彼女を大事に大事にいたわってほしいということです。そして、私たち人類が彼女との調和の中で生きることを学んで欲しいと思っていること、ただ、それだけなのです。

私はすべての人類の同胞にそのような母なる地球の運命についてともに考え、ともに行動するように強く勧めるものです。

（キリバス共和国、テブロロ・シート大統領からのメッセージ[(1)]）

シート大統領は、人々の感性に訴えているが、あなたはこれを読んで、ライフスタイルを見直そうという行動に移るだろうか。できるとしたら何ができるか、返事を書いてみよう。

一九七二年、「環境」を人間生存の「知的、道徳的、社会的、精神的な成長の機会」と捉え、「人は環境の創造物であると同時に、環境の形成者である」ことを宣言したストックホルム人間環境宣言のスピリチャラルパワーは、三〇年経ったいま、どこに行ってしまったのであろう。九二年の地球サミットを契機に「環境問題」は大きな関心を呼んだが、生産者も消費者も、企業のあり方や個人のライフスタイルを「生活の質」やエコロジーに目線を合わせたものに変える努力を怠っている。

先進国の研究者は、地球環境問題に莫大な研究費を獲得し、膨大な論文を元に権威と地位を得た。しかし、自分自身のライフスタイルを変えることは難しい。

筆者は、太平洋の環境国際会議の司会役を務めた際、最後を次のように締めくくった。

「環境問題ほど、知識だけが行き交い、こころが伝わらない問題があるだろうか。」

では「環境」とは一体何なのだろう。

大東文化大学環境創造学部教授の山本孝則氏は、これまでの環境学が見落としてきた「外界」(外部)と「環境」という似て非なる言葉をきちんと区別することで、「人間にとって環境とは何か」が見えてくると言う。彼は、個人の生き方に踏み込む、〈環境の世紀〉にふさわしい新しい環境学－環境創造学

(Social－Human Environmentology) －を提唱している。

人は誰も、建物、道路、食品、電化製品、交通システム、大地、空気、河川、海など、実にさまざまなモノや無数の他人（自分以外の人々）に囲まれ、支えられて生きている。一人ひとりの生活を支えているこうしたさまざまなモノや無数の他人は、それが「自分の外の世界」であるという意味では、「外界」あるいは「外部」と呼ぶにふさわしい。その人がどう思おうが、何と考えようが、さまざまなモノや無数の他人は、そんなこととは無関係に厳然と存在している。自分の生きている世界を「自分と無関係な外部の世界」と見るなら、それは「単なる外界」に過ぎない。

しかし、よく考えれば分かることだが、人は皆、さまざまなモノや無数の他者との関わりのなかで、相互に働き掛け合いながら、共に生きているのだ。自分の生きている世界を自分と「外部」との繋がりとして見たとき、世界の景色は変わってくる。自分の外の世界は、もはや「単なる外界」ではありえない。一つの命である自分自身との関わり合いや応答関係として見た「外界」。これこそが「環境」だ。

だから、人間が生きている世界を「外界」として見るか、「環境」として見るかは、単なる言葉の遊びではなく、人間を「外界」に埋もれた受動的な存在と見るか、「外界」に働きかけながら反省する能動的な存在として見るかの違いに帰着する大問題なのだ。自分の生きている世界を「環境」として理解するということは、自分が世界の主体・主役なのだという自覚の表明だ。だからこそ、「環境意識」の高まりとともに、運動当事者の「命と暮らし」に直接結びついていなくても、公共事業に伴うさまざまな建築や埋め立て工事に異議を唱える「環境保護」運動が台頭してきたばかりか、「持続可能な循環型社会」の構築という全世界的な環境創造運動が、政治、経済の主題として躍り出てきたのだ。

とは言え、環境創造運動はまだ芽生えたばかりで、その力も弱い。政治、経済を動かす大きな力というにはほど遠い。「環境」が人間社会の「外部」であり続ける限り、人々が自分達にとっての「外部＝自然界」の問題よりも、「内部＝社会」の事柄に心奪われたとしても、それは、当然の帰結なのだ。使い古した乗用車が、人里離れた山間の谷間に捨てられるかもしれないことや、あるいは、日々の暮らしと直接関係のない地球温暖化などを案ずるよりも、職場のリストラや家計のやりくりを心配するのが、人の常なのだから。「環境とは何か」を知らなくても、「環境問題」を研究している先進国の学者は、少しも困らないだろう。だが、世界中の普通の市民はそうではない。「環境とは何か」が分からない限り、「環境問題」の本質的な解決はあり得ないからだ(2)。

このように説明する山本氏は、大東文化大学に環境創造学部（二〇〇一年開設）の創設に全力を注いだ。環境を創造する市民を生み出すためだ。学問をすることが、地球の未来を守ることになると確信する時、教師も学生も一つになって、対話を通して学ぶことの尊さを知る。

小・中・高学校での多文化教育では、環境を非常に広く捉え、開発と環境の関連を特に重視し、持続可能性という問題を平和、ジェンダー、人権、異文化理解、多文化共生などとの関係性から見据えることができる。単なるゴミ問題とか、公害の克服、環境保護に終始するような捉え方ではなく、それを体系的に段階を追って教える必要がある。参加型授業や、ディベート、作文など対話を重視する。気づきが、態度の変容を促し、行動する主体となっていくには、時間がかかる。教師自身も教科書のあり方も児童・生徒を中心とした対話重視の参加型学習に変わっていかないと知識の習得だけに終わってしまう。

小学校の環境教育、開発教育は、子どもたちの感性に訴え、確たる手応えがある。三年生の一人がソロモン諸島からのリソースパーソンに尋ねた。

「きれいなソロモンの海をスライドでみせてくださってありがとうございました。日本の海岸はあのようにきれいではありません。でも、日本には、立派なビルがたくさん建っています。そのビルを一つあげますから、きれいな海と交換してくれませんか。」

「ソロモンでは、大きなビルは必要ないのです。きれいな海をわけてあげたいけれど、きれいな海はお金で買うことはできないし、交換することもできないのです。

ですから、どうやったらきれいな海を守れるのか、ぜひ考えてください。一旦、よごれた海をきれいにできるのかどうかも考えてください。」

環境教育は幼少期に始まり、生涯教育にも有効である。一枚のスライドをゆっくり時間をかけて音楽をかけて見るところが多くの気づきを与える。環境教育の方法を話し合ってみよう。

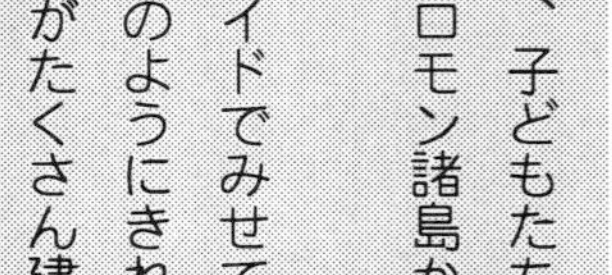

子ども達が自らのことばを模索し、こころからの対話を実現しようと努力するとき、すべての教科の知識が生きたものとして消化され、理解力、判断力、行動力に繋がり、教室の中に「対話することは楽しい」という空気が生まれる。

学問とは、人間の生存に危機感を覚えた瞬間から動機づけが始まる。偏差値や受験に目標を置くのではなく、共に生き続けることができる世界を創造しようとする人間の善意や向上心から湧き上がる。

子どもにとっても大人にとっても、対話力の向上は自尊心を高めることができる。対話力の向上は、「自分が好きになる」こと、つまり肯定的に自分を捉えることを可能にする。

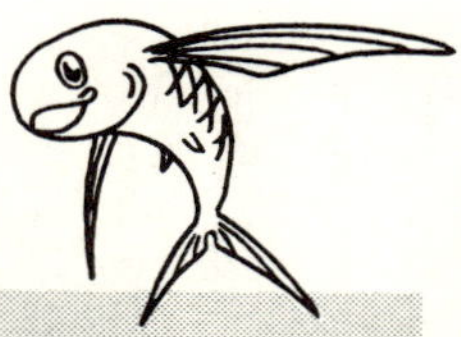

八歳から十八歳までの少年、少女が記者やデスクになり、新聞・テレビなど大人向けのメディアに載せる国際ニュース通信社「チルドレンズ・エクスプレス（CE）」が二〇〇一年一月、アジア初の支局を東京にオープンした。日本ユニセフ協会も二月に、子供が情報発信する「子供ネット」を開始し、ユニークな視点が大人社会に衝撃を与えている。日本語版ホームページ（http://www.cenews.org/japan）に記事を掲載した。国内で少年法改正や不法滞在外国人の子供などの取材にとりかかっている。ネット上での意見交換など、子どもネットは環境問題に本格的に取り組むそうだ（共同通信二〇〇一／一）。意識を高める教育になるだろう。話し合ってみよう。

「人権」も「平和」も「環境問題」も単に専門家が講義をし、知識として聞いているだけでは、その時間と空間は新しい環境を創造しない。対話の中で問題の本質を鋭く語り、批判し、共感し、共振するプロセスを経て、創造する対話力は、人に新しい行動を呼び起こす。

核問題をライフワークとした斉藤達雄氏は、多文化社会研究会で先住民が犠牲になっているヒバクシャの映像とスライドを見せながら、活発な対話を呼び起こした（二〇〇〇年一〇月）。

「みなさん、日本は唯一の被爆（ひばく）国なのでしょうか。広島に投下された原爆の原料ウランはカナダで採掘されています。ウランは放射性なので、作業に従事した先住民と家族が被爆し、多くが死んでいるのです。」

参加者は、先住民の子ども達が被爆しているスライドを見つめた。

「ウランからプルトニュームがつくられる。プルトニュームは、核兵器そして原子力発電にも利用されますが、いずれもその出発点でヒバクシャをだすことによって成り立っているのです。長崎の原爆にはプルトニュームが使われましたが、その製造工場の周辺でもヒバクシャが続出しました。核実験では「死の灰」はいたるところに散ったのです。チェルノブイリも思い起こしてください。実はラジウムを発見したキュリー夫人もヒバクシャで、白血病で死んでいる。「核」のあるところ、いまや「ＨＩＢＡＫＵＳＨＡ」は世界語となり、その数は二、五〇〇万人と推定されます。人類は、「核」とは共存できない。しようなどとは賢明ではないのです……。」

参加者は、一つひとつのことばの重みをこころに刻み、電気のある私達の暮らしを初めて問い直した。筆者は斉藤氏の話を聞きながら、核実験場となった太平洋島嶼諸国の人々の苦悩を想った。

差別用語を使わないように配慮し、本質に迫る対話力を獲得しよう。差別用語、新語、流行語、隠語、俗語などを避け、品格ある対話を通して、美しい日本語を語るように心がけよう。
差別を感じることばを挙げて、話し合ってみよう。

ＰＣ（ポリティカル・コレクトネス）ということばを知っていますか。インターネットで調べてみましょう。

第五節　価値あるコミュニケーションとは―ジェンダーの視点―

読み書きができない成人は八億五、五〇〇万人で、その三分の二が女性達である。読み書きができない女性の子どもの死亡率は高い。毎年六〇万人が出産にからむ原因で死亡。ＨＩＶ／エイズの流行の拡大で、毎年五八〇万人が新たに感染し、その五〇％が一〇～二四歳の子どもや若者である。世界中で、凶暴な男性の暴力の犠牲になって我慢する女性達がいる。
次の詩は、「楽園」であったはずの南太平洋の島々から聞こえてきた詩の一つだ。

MY LIFE (3)

I live a life of fear
Fear of being yelled at
Fear of being sworn at
Fear of being called names
Fear of being hit.

Did I say the right thing?
Did I cook the food right?
Is the house clean enough?
Am I dressed right?
Should I have bought that?

Maybe I should have done it another way
Maybe I should have cooked soup instead of stew
Maybe I should't have worn this skirt
Maybe,just maybe if I hadn't said that
I wouldn't have to worry.....

How long is this going to go on for?
All these thoughts tormenting me
Anticipating,planning,agonishing,dreading....
Why must I always have to
Worry
Dread
Fear
Is this really my life?

ことばは、他者によって訳されることによって真実の響きが半減することもある。彼女の生の叫びを受けとめてほしい。そして、英文で返事を書いてみよう。

これは北京女性会議に向けて作成された南太平洋諸国の女性たちの生の叫び声だ。暴力に耐える女性達、政治から隔絶される女性たちの、八〇の詩がおさめられている。フィジーの首都スヴァにあるウイメンズ・クライシス・センター（Fiji Women's Crisis Center）に国際会議の合間をぬって何度も訪れた。ダンボール一ぱいこの詩集を詰め込んで、太平洋を往復する彼女たちの活動を支援した。この詩集を配布し、それを教材にして女性たちのおかれている現状を伝えた。女性達のエンパワメントは、都市と都市を結び、地域と地域が呼応する人権運動となり、グローバリゼーションの新しいうねりとなった。二一世紀は連帯する女性達のコミュニケーションの時代であり、コミュニケーション能力とは、考える対象があり、人権に根ざす強い動機付けがある時、勢いをもって身につけることができる。

どうしたら困難を乗り越えられるだろう。自分に何ができるか語りあってみよう。

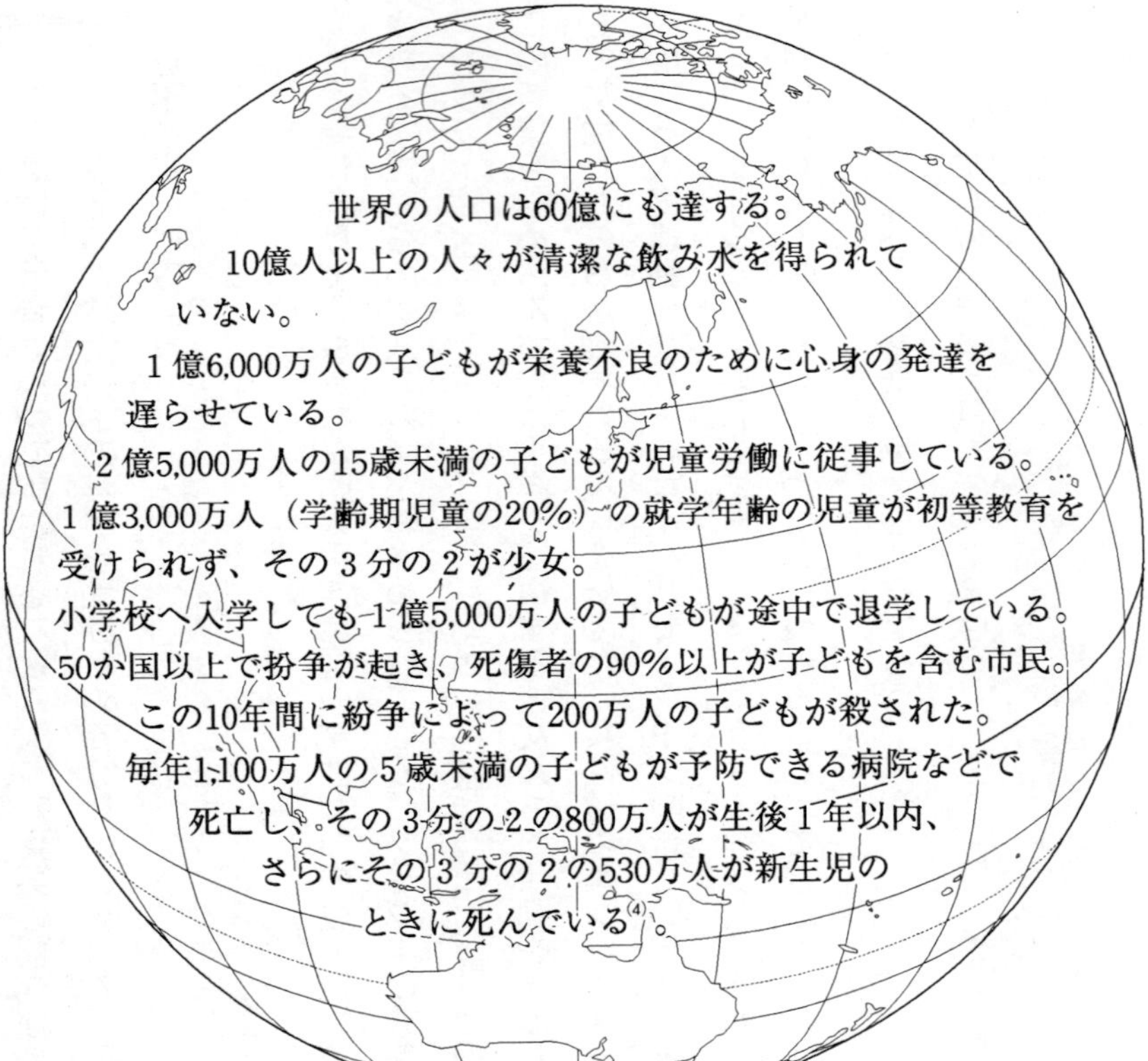
世界の人口は60億にも達する。

10億人以上の人々が清潔な飲み水を得られていない。

1億6,000万人の子どもが栄養不良のために心身の発達を遅らせている。

2億5,000万人の15歳未満の子どもが児童労働に従事している。

1億3,000万人（学齢期児童の20%）の就学年齢の児童が初等教育を受けられず、その3分の2が少女。

小学校へ入学しても1億5,000万人の子どもが途中で退学している。

50か国以上で紛争が起き、死傷者の90%以上が子どもを含む市民。

この10年間に紛争によって200万人の子どもが殺された。

毎年1,100万人の5歳未満の子どもが予防できる病院などで死亡し、その3分の2の800万人が生後1年以内、さらにその3分の2の530万人が新生児のときに死んでいる[4]。

Think Globally，Act Locally

第六節　看取るということ　life education

セルフ・エスティーム（self−esteem）とは、人がもっている自尊心（self−respect）や自己受容（self−acceptance）などを含め、自分自身についての感じ方を示し、「自己概念と結びついている自己の価値と能力の感覚（感情）」であるとされている(5)。

その意味で、自己と向き合うライフデザインの創造は、セルフ・エスティームを高め、自己の価値と知能の感覚を磨いていく過程である。

人は熟年期を迎えて、さらに、新たに、深く「学ぶこと」に挑戦する。教養はどんなに身につけても宝石のように盗まれる心配がない。人に妬まれることもなければ、置き忘れることもない。そして学問はいつでもどこでも始められる。もっとよいことは全くの初歩から始められる。学問は、謙虚で控えめで地味だが、人に輝きを与える。寂しさや物欲や権力からも解放してくれる。性別も年齢も国籍も民族も超えて教養ある対話力が、世界中に友を増やしてくれる。その結果、教養のある人は、肉体的に衰えても若く美しく感じられる。自分の人生にふさわしいテーマを見い出し、普遍性を探究し、今までになかった思考力、分析力と創造力が創設されることを感じる時、自分の秘めるエネルギーが生まれてくる。

セルフ・エスティームとはまさにそのエネルギーを指しているのではないだろうか。他者との対話を通して、学問はより社会性を帯びる。どうしても他者を説得したり、こころを通わせなければならない重大な局面に立った時、主張すべき考えを堂々と語り、人は品位をもって叡智を生みだすことができる。

共生の時代、語り合う時代に世界中が学びの場を創造している。学びの場はたった一人でもできるが、仲間ができるとそこには「創造する対話力」が生まれる。

イギリスには、全国にサード・エイジ（第三の人生）大学があり、定年退職後の人々三万人以上が学んでいる。フランスの各地にも同様の生涯教育の場が、同じ「第三の人生大学」という名称で開かれている。また、ニューヨークのフォーダム大学には「第三の人生」研究所があって、老年学の研究が盛んである。ドイツでは、一九九六年、ベルリン、ミュンヘン、フランクフルトなど三五の大学で「シニア学習」が実施されている。受講者はほとんどが五五歳以上で合計すると約二万五、〇〇〇人に達しているそうだ(6)。オーストラリアの退職準備協会でも同じような生涯学習のプログラムがある。

もちろん日本でも多彩な生涯教育プログラムがあり、人気を呼んでいる。

たとえば上智大学では一九七五年から、老いと死の教育「死の哲学」という講義を続けているアルフォンス・デーケン神父がいる。

「人間は自身が死すべき者だと知っており、最後の瞬間まで人格的に成長していくことができる。死を迎えるということは、ただ受動的に終わりを待つことではない。死は人生最大のドラマであり、死にゆく人はその主役である。」

「死への準備教育」（death education）はそのまま、より良く生きるための「ライフ・エデュケーション」であるとも述べている。

自分自身の死と並ぶ大きな試練は、肉親の死に直面することであり、愛する人の死を体験または予期した時、残される人々は、悲嘆のプロセス（grief process）と呼ばれる一連の情緒的反応を経験する。この悲嘆のプロセスを上手に乗り切ることができなかった場合、心身の健康を損なう危険性が非常に高い。

したがって、悲嘆教育が「死の準備教育」の重要な一領域であり、予防医学の観点からも極めて重要な課題であると指摘している。なかでも配偶者の死は、さまざまな不便や自己評価の低落を招く。内心に渦巻くさまざまな感情をことばを使って表せるように導くことも大切である。つまり、苦悩を打ち明ける友達や家族が必要になる。

人は、「死への存在(Sein zum Tode)」(ドイツの実存哲学者ハイデガー)であり、生涯教育に位置付けられた多文化教育は、民族を越え、国籍を越え、性差を越え、イデオロギーも宗教も越えて共に生きる教育に到達する。「看取る人の教育」でもあり、「人生の最後をあたたかく包み込む教育」でもある。それを可能にするのがこころの広がりと他者との関係性を結ぶ「創造する対話力」である。

共に生きるということは、共に老後を支え合い、穏やかな看取りのときを迎えることである。人生は川の流れのようであり、無理をせずその流れにのっていけばいい。

いかにこころ豊かに「流れ」にのるかというとき、ガードナーのMI理論は、自分を捉え直すヒントを与えてくれる。

たとえば、筆者は子どもの頃から花を活けるのが好きだった。空間を読む能力にあこがれをもった。デーケン神父の説く悲嘆のプロセスは、花と対話することで随分と和らぐものだ。高齢社会(aged society)を迎え、こころの安らぎを与えてくれる対話の相手を普段から見つけておくことも大切だろう。

多文化教育はお互いに心を開く作業からスタートします。あなたが今抱えている悩みやどうしても許せないこと、理不尽なことがあれば重要なものから順に左側に書いてください。解決策が見い出せたらそれも書いてみてはどうでしょう。

人生は一回しかない。セルフ・エスティームを高めつつ、あなたの人生で本当に実現したいこと、やりたいことを書いてください。自分の人生をデザインしてみましょう。

Today is the first day of the rest of my life.

自分の履歴書を書く時、あらためて自分が納得のいく生き方をしているかどうかを問い直してみよう。自分自身と向き合った時、価値ある時を過ごしてきただろうか。また、周囲の人に理不尽な生き方を強いてこなかったを問いてみることも必要であろう。

熟年期を迎え、他者への思いやりと正義感と自信に満ち、常に前向きな品位ある対話に導いてくれる魅力的な人がいる。そういう人は、どんなタイプの人だろう。話し合ってみよう。

【注】

(1) 助安由吉『国が海に消えていく』エイト社、一九九八年。
(2) 山本孝則『新人間環境宣言』丸善、二〇〇一年。
(3) “Beneath Paradise” A collection of poems from the women in the Pacific NGOs Documentaion Project, Beijing '95.
(4) unicef “Global Movement for Children” 財・日本ユニセフ協会より一九九九年。
(5) 遠藤一九九二、一九ページ。
(6) アルフォンス・デーケン「老いと死の教育」『共生の教育』岩波書店、一九九八年。

終　章　多文化教育と創造する対話力

第一節　伝統的な国民教育から多様性の教育への移行

ふり返ってみると、日本の公教育は、全国、同じ内容を共通の教材で、共通の教授法で教え、限られた価値基準をもとにしてすべての子ども達の学力を評価する形で展開されてきた。教授言語はもちろん日本語で、日本語ができなければ、ほかのどの教科も達成することはできない。自己内省や対人関係に秀でていてもそれは評価の対象にならなかった。かつて帰国子女たちは、異文化を内在していることに悩み、皆と同じでないとうまくいかない日本の学校文化に適応しなければならなかった。

このような画一的な教育体制の中で、教師は多様な文化や考え方の存在を受容し、ジレンマの中で努力してきたに違いない。同質の生徒ばかりが集まるのであれば、異文化間の葛藤もないし、多種多様な友人の良さを認め合ったり、共感を高めながら譲り合ったり、そこに普遍性を発見するような学びの過程は育成しにくい。

佐藤郡衛氏は、九〇年代、日本語のできない子ども達を抱えた小学校が、その手伝いとして日本語適応教室や取り出し教室、入り込み教育など、従来の日本の教育の枠組みにできるだけついていけるような手立てを施してきたことに関して、小学校の教育そのものは従来のものであり、外国人の子供や帰国子女などを周辺的な所に追いやって分離的な教育を展開してきたと指摘している(2)。

これは多くの学校が、日本人の子どもの多様性にも主眼を置いてこなかったことに関連している。日本人の子どもも外国系の子ども達と共に学ぶことによって、自分自身の個性を発見し、大切にし、他者の個性も尊重するという新しい能力を培っている。

多文化型の社会や学校文化は日本人の子ども達にとって、一人ひとりが違うことを認識でき、より多くの気づきを与え、学習意欲を向上させる機会を与えている。従来の偏差値では評価されなかった異文化間コミュニケーション能力を鍛え、多文化共生の対話力を培っている。この子ども達が日本の未来を支え、世界への情報の発信者となる。外国系の子ども達が多いことをプラスに捉える授業の展開や多様性を生かす教育のあり方に取り組んでいく時代に来ている。

第二節　突然、対話が切断されるとき

一九九〇年の「出入国管理及び難民認定法」の改訂の頃から、外国人居住者の滞在の長期化、出稼ぎの反復が指摘された。同じ地域住民として向き合ってきた隣人が超過滞在者になるという事態が発生した。何の前触れもなく、一人の子どもがある日を境に突然消えてしまう。連絡が途絶える。「あの子は一体どうしてしまったのだろう」。

親は犯罪を犯したわけでもなく、地域の雇用に応え、税金も払っている。一人の人間の存在が、合法か

ら非合法へ一八〇度転換する瞬間を見守る時、教師は戸惑いを禁じ得ない。このような形で、子ども同士の連帯感や、教師との信頼関係は断ち切られていいのだろうか。二七項目の在留資格と「出入国管理及び難民認定法」とは何なのか。日々愛情を注ぎ、時には抱き締めて成長を見守ってきた、その子ども（the child）の最善の利益（the best interests）とは何なのか。家族、とりわけ母と子の繋がりの重要性が迫ってくる。

在留資格とは、子どもの対話の流れをいきなり切り取り、周囲との関係性を断ち切るほど尊重されるべきものだろうか。国の政策と子どもの権利の間に挟まれて苦悩してきたのは、共生社会を支える現場の人々にほかならない。

なぜこのような事態が起こるのだろう。

日本国憲法は、権利の享受者としては日本国民しか認めていないのだろうか。仮に外国人を権利の享受者として認めていなければ、原則的に排除されていることになる。駒井洋氏は、日本国憲法では、外国人には生存権ばかりではなく、さまざまな社会的経済的権利として表現される人権も基本的には認められていないという事態が起こることになり、そういった事態に対し、憲法とは明確に異なる立場にたっているのが地方自治法であるとしている。

地方自治法によれば、自治体は住民の安全、健康および福祉を保持する義務があり、ここでいう住民には生活の本拠を当該自治体に置く外国人も当然含まれる。国際政策においては国と自治体とは、別個の政策を展開できる可能性をもっているのだ(3)。

つまり国籍中心主義ではなく、居住中心主義を貫く自治体は、親が超過滞在であっても子ども達を受け入れてきた。

「児童憲章」の精神によるならば、また「国際人権規約」や「子どもの権利条約」にもあるように、すべての子どもは健康、医療への権利、社会保障や教育への権利を有している（子どもの権利条約二四条）。これは普遍的人権の概念であり、在留資格がなくてもすべての子ども達は、保育、教育、医療を受ける権利があり、この文脈において保育所と学校は受け入れるべきだという結論になる。

しかし、「非合法」という状況のまま、妊娠、出産、育児、教育が進行するような状況は決して好ましいものではない。見つかれば即刻、強制退去を命じられる。脆弱性につけ込む人権侵害が、あちこちで起きた。

国の外国人政策と自治体の政策とが齟齬をきたす狭間で、一番弱い存在である子どもや母親にしわ寄せがいく。筆者は入管法の見直しは「国際人権規約」や「子どもの権利条約」と照らし合わせて、親子の問題を含めた内容の再吟味が必要と訴えてきた[4]。

阪神大震災の後、多文化共生センターの田村太郎氏が「合法滞在を前提とした救済・救助ではなく、被災した事実を前提とした平等な救援活動」の必要性を訴えたのははひときわ印象的だった[5]。

日本には約二五万人の超過滞在者がいると言われている。その子ども達は「基礎教育」を受ける権利があることを教師も地域社会も認識すべきではないだろうか。話し合ってみよう。

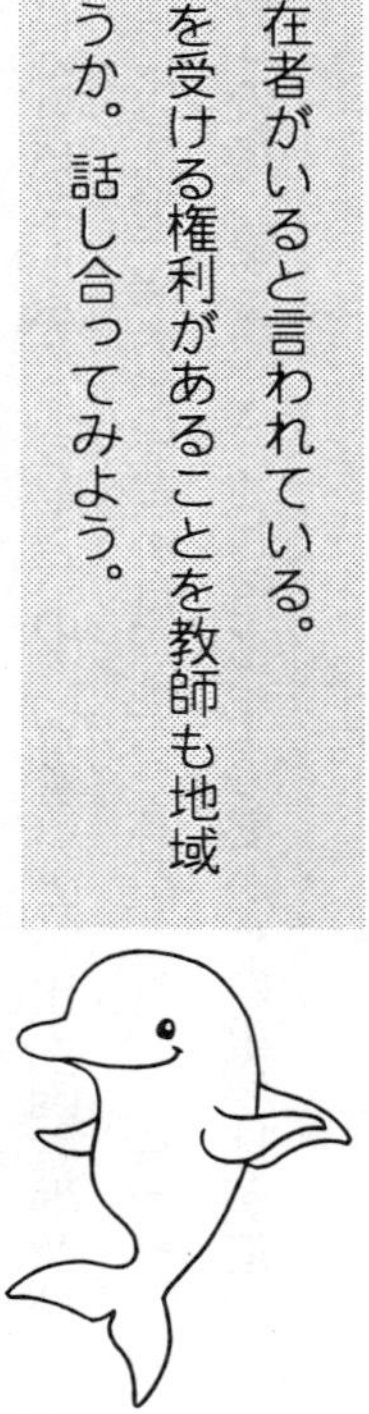

え てくれる。

第三節　多文化共生社会のための国家行政機関の設立の提案

一九九九年一月、かつては単一民族国家を標榜していたあのドイツが国籍付与に関して血統主義から出生地主義に政策転換した。ドイツ国内の学校では、移民の子ども達にそれぞれの母語を保障する教育が展開されている。多文化主義は平坦な道程ではないが、多様な価値を認めて、共に生きることへの気概を伝えてくれる。

一九九九年夏、入管法改定の決議が国会を通過した。九九年九月、逆風の中で超過滞在外国人二一名が法務省に在留特別許可を求めて集団出頭した。在留特別許可は法務大臣の自由裁量に基づくものだが、裁量権のあり方や運用の基本的な方針が明確ではない。翌日の新聞は「不法滞在二一人が出頭」という見出しで大きく取り上げた。駒井洋氏、渡戸一郎氏、山脇啓造氏らが代表となり、インターネットが威力を発揮し、海外一一二人、国内四八一人の研究者の賛同を得て法務大臣に迫った。板橋区に拠点を置く外国人支援団体ＡＰＦＳ（Asian People's Friendship Society）がこの集団行動を支えている。人権は単なる理想の概念ではなく、法的根拠をもって確実に守っていくべきという決意表明が出された。

佐久間孝正氏は、超過滞在者の子どもが誕生した時点で、彼らの滞在期間の「量的な変化」は、彼らの日本社会への関わりに「質的変化」をもたらすとしている。子どもの誕生と地域社会での生活基盤の確立という新たな条件によっても彼らの滞在資格は見直されねばならないと主張した。東京入管の対応は迅速で一〇月二二日までに二一人全員に、仮放免が出され、一八人に在留特別許可がおりたのは、二〇〇〇年二月であった(6)。

これは、移住労働者や家族と連帯するさまざまな支援活動の一つに過ぎない。外国人女性の人権、入管法と収容所、医療、教育、移住労働者の権利保護についてなど多文化共生を目指す多数のＮＰＯが中心となってネットワークを広げ、粘り強い活発な活動を行っている(7)。

一つひとつのＮＰＯや市民団体が、特色をもち、そこからこぼれ落ちる人々にまた新たな支援のグループが生まれる。コンピュータは、人権を守るための道具としても使われるようになった。

その繊細な市民意識と地域に根ざした実践活動が、重層的に都市空間に繰り広げられ、その理解が広く住民、生活者に浸透するとき、まさに多文化共生社会が一歩一歩構築されていくプロセスを感じてきた。研究者と実践者、実践者と住民、住民と行政担当者、それらの人々は重層的に重なり合っているようであっても、その隙間には大きな溝があったり、誤解があったり、意識の揺れがあったりする。その隙間を埋める作業が多文化教育の概念を構築することになる。

学生のみなさんには、市民意識がどのように形成され、多文化共生社会のモデルが地域の中に創出されている現実を、フィールドワークの過程でしっかりと捉えてほしい。自ずから自分に何ができるのかが見えてくるし、どんな仕事に就いても市民としての責任を果たすことの基本的な姿勢が培われる。

多文化教育は、人種、民族、ジェンダー、社会階層、身体的条件、世代などにさまざまな次元の差異を承認し、それぞれの固有の価値が存在し、誰もが人間として幸福を追求する権利が認められているという考えに立脚する教育として今まさに日本全国に根を下ろそうとしている。

このような状況下で、日本においても外国人の総合的な政策を企画・立案する国家行政機関を設立することを提案したい。なぜなら、多文化共生社会へ向けて責任をもって取り組む姿勢を明らかにすることが、日本にとって、日本人にとって重要な柱であるからだ。各専門委員をおき、ケースワーカーを養成し、ボランティアだけに依存しない政策を推進する専門機関の設立が急務である。なぜなら個々のケースはあまりにも多様であり、問題の本質は国際間や地球的規模の広がりをもっているため、国レベルでの政策と自治体の政策とに連繫し、多岐に及んでいる現場の人々の悩みや成功例に耳を傾け、記録するセンターを今まさに必要としているからだ。

今後、移民あるいは外国人労働者を積極的に受け入れるか、あるいは規制していくべきか、国民的な論議が必要と言われているが、それ以前に外国人の問題というのは、日本人の問題と表裏一体であることを認識しない限り、いつまでたっても「よその人をどうやって受け入れるか」という発想での論議から脱却できない。

たとえば、「多文化共生大臣」という名称をもつポストができても、単に海外の政治、経済、文化に精通している専門家や政治家などが就いたのではほとんど意味がない。

多文化共生のための国家行政機関とは、異文化間の結婚や「ダブルス」の子どもの増加、外国人居住者の地域参加、多文化共生能力のある日本人の育成に精通し、学校言語を母語としない子どもの教育や外国人の社会保障や人権に「敏感に」対処していく寛容度の高い人物が構成する専門機関でなくてはならない。経済の指標のみを中心にしたのでは、多文化共生社会は実現できないからだ。

第四節　多文化共生社会の担い手

朝鮮半島の伝統的文化にルーツをもつ在日の韓国・朝鮮の人々は、日本文化に多様性をもたらし、地域を根底から活性化し、日本社会の歪みに大きな気づきを与えてくれた。日本人との婚姻も多く、在日社会は日本国籍を有する人々が大多数を占めると推測されている(8)。

最後に、教育改革の中で多文化教育の視点をもつことを再度提案したい。

日本社会全体が、真実の歴史を学び、反省の上に立って民族と国籍とが違う概念であり、在日韓国・朝鮮の文化がいつまでも地域社会で親しまれ愛されるように配慮する教育が必要である。

多文化共生社会の実現はアイヌの人々や在日コリアンの人々、在日外国人、異文化を内在する日本人とすべての人の共同作業である。筆者も、常に在日コリアンと共に歩んできた。彼らの助けと友情がなかったら多文化教育を続けることは困難だったと思う。

慶応義塾に在学中、日本社会において、在日コリアンに対して結婚や就職、社会保障などあらゆる面で差別があることを知ったとき、耐え難かったのは、誰一人としてそれがおかしいと指摘せず、当たり前のように平然としていられることだった。

日本はおかしいと思いつつ、ベトナム戦争の最中、アメリカに行ってみるとデトロイトでは暴動が連日起こり、黒人たちは隔離された地域に住み、そこは民主主義を誇る豊かな国アメリカとは別世界であった。オハイオ州立大学の女子学生寮には、一人の黒人学生がいた。盲目のキャロリンは、音楽に優れ、奨学金をもらって在学していた。毎晩のように私の部屋にそっとやってきては、縮れ毛にアイロンをかけて欲しいとせがんだ。私の髪の毛を触って「今度生まれてくる時は、日本人に生まれたい」と繰り返した。縮れ毛をアイロン台にのせ、ハンカチの上からアイロンを滑らせてみると、人種差別を受ける側の悲しみが伝わってきた。

アメリカの多文化教育の提唱者で多文化教育センター所長・ワシントン大学教授のジェームズ・バンクス氏（James.A.Banks）は、上智大学で行われた学界のシンポジュームでアメリカにおけるこれまでの多くの論争を語り、アメリカの民主主義を根底から支えたのは、社会の周縁に置かれた少数民族やエスニック集団であることを強調した(9)。

彼は二一世紀には、新しい形の市民的資質が必要になると説いている。バンクス氏の目指す多文化教育の目標とは、すべての文化、社会集団（これにはもちろん主流集団も含まれる）の生徒が、多様な民主主義社会の一市民として活躍できるように人種、およびエスニシティに対する民主的な態度を身につけることである。世界中のほとんどの国家社会は、文化、エスニシティ、言語、宗教の多様性をもって特徴づけられている。多元的な民主主義国家における挑戦の一つは、多様な集団が包含され、また各々が忠誠を感じることができる国家を構築しながらも、同時に文化集団およびエスニック集団が、自身のコミュニティ文化を維持できる機会を与えられるかどうかであると語った。

エスニック集団はアメリカの周辺的なところに追いやられながらも、アメリカの民主主義を守るために大きな貢献をしてきた。多文化的市民資質（multicultural citizenship）とは、市民が自身の文化コミュニティと国家の市民文化の両方への参加を維持する権利と必要性を認識し、正当化するものであると(10)。

日本社会におきかえてみると、在日コリアンが祖国韓国・朝鮮の文化コミュニティを維持し、国家の市民文化である日本の文化の両方に参加する権利を日本社会が認識し、正当化するということだ。日本社会では、本書で述べた新宿の街のように、在日コリアンと日本人居住者、ニューカマー達が混住して、暮らしてきた。その上で文化的多様性をプラスに捉える社会を形成しつつある。これが「初段階の共生社会」へのモデルであり、日本が多文化共生社会を実現していくことは決して夢物語ではない。

かって筆者は、イギリスの会社に勤めながら、世界を転々とし、人種、国籍、宗教、社会階層、同性愛者、ジェンダーなどの要因が、いかにして差別と偏見とステレオタイピングの基礎となり、対立をもたらすかを知った。世界の王室や富豪や多国籍企業の経営者たちと接しながら、その一方で、国籍で苦しみ、アイデンティティの揺らぎで悩む人々を敏感に感じとっていた。

面白かったのは、アンカレッジやサンフランシスコの空港で、イギリス人スタッフとアメリカ人スタッフが、英語の使用法で必ず大げんかをすることだった。「ここはアメリカだから、アメリカ英語をしゃべるべきだ」という主張と「英国航空に搬入するのだからブリティシュ英語を使用するべきだ」と大声で怒鳴り合っていた。攻撃すればするほど、双方の英語が品位を失っていくのを、インド人、中国人、日本人のスタッフが見守った。

多文化教育とは、誰かを非難するのではなく、自分自身の弱さに気づくことでもある。なぜなら、人は生まれた時から、自分が優位に立ちたいと思う気持ちを本能的にもっている。

多国籍で巨大な企業に働いてみると、少数派やマイノリティの人々の存在は、その企業にさまざまな気づきを与え、潤滑油となって大きく貢献していることがよく分かる。日本という一つの共同体にとっても多種多様な人々が共に生きるということが活力を与えてくれる。

資本主義の歪みに気づき、人間の弱さを知り、人はみな誰でも幸せに生きる権利をもっていることを教育の中で確認していく必要があるのだ。日本社会でさまざまな差別的待遇を受けてきた人々が、制度的にも対等な権利を得て、地方公務員への道や参政権を獲得することの意味を教育の中で学ぶ必要がある。植民地支配が付与したスティグマ（stigma）の痛みを共有する作業は、その時代を知らない若者たちにとっても辛いものだが、歴史を学び、人間を知ることが未来を映し出す。

第五節　多文化教育と創造する対話力

多文化教育とは、単に多様な文化を学び理解しようとする教育ではない。それぞれの国の歴史や研究者の視点によって、その概念は異なっているが、少なくとも多文化とは、さまざまな民族文化やエスニシティだけを意味しているのではなく、ジェンダー、社会階級、身体的条件、高齢者、同性愛者などさまざまな不利益を被る人々とともに生きるための文化である。さらに本書が、強調してきたのは、人間の多様性とは、生まれた時にもっている知能のコンビネーションの違いや成長の過程で育まれるそれぞれの個性や知性でもあり、マイノリティとマジョリティを一つに括らないようにすることも必要である。

プール学院大学の中島智子氏は、「多文化教育において文化とは、他者として学ぶ対象ではなく、社会の中のその機能や意味を意識し、批判するものとしてある。したがってとくに学校教育においては異文化を理解することの必要性を否定はしないが、学校文化の機能を意識することこそが重要である。」と述べている。筆者はまちづくりや小学校の取り組みの中に、文化の機能を意識することが大切であることを感じている。中島氏は「多文化教育とは隠れたカリキュラムも含めた学校文化の見直しであり、文化を相対化する視点であり、社会との関与を意識するプロセスである。また、多文化教育においてはマイノリティを主な対象とするのではなく、アメリカやイギリスなどでは「白人」性が問題とされているように、マジョリティ自身が問われている。民族や文化の違いを意識しにくい日本社会において、「日本人」性を意識する必要は逆に大きいと考えられるので、多文化教育の視点の導入は大いに意義のあることである。」と指摘している。

つまり、今日のように教育が混迷している時にこそ生かされる視点であり、筆者は、学校教育だけでなく、家庭教育の視点として有効なことを検証してきた。

教育の原点は、家庭にあり、親は子どもを閉鎖的な家庭で育てるのではなく、垣根のない開かれた家庭の中で、広く周囲のあるいは世界の協力を得ながら育てることを提案した。それは、親の負担や不安を解消し、子どもにとっては、複数の大人のモデルをもつことによって、親子のダイアッドを軽減し、多元的な価値観を広げることを可能にする。

地域社会では多文化の荒波を乗り越えると、さらに異質な高波を経験する。その繰り返しの中で、帆は「創造する対話力」という風をはらんで多文化主義は次第に深化し、醸成していく傾向にある。日本の教育と社会が、独創性と論理性のある「創造する対話力」をキーワードに掲げることによって、日本は世界の中で勤勉でかつ対話力のある魅力的な国として生まれ変わることができるのだ。

さらに平等な人権実現とは、崇高な理念の元に社会システムや制度を構築することであり、法律、政治、経済、地球環境、生命科学などに関わる多くの学問の集積から導き出すべきものである。それは、市民の努力と叡智の結集でもある。近年、すでにいくつかの大学や大学院では、共生や多文化多言語社会における学問の位置付けとともに、新しい学部が新設された。しかし筆者が強調したいことは、小・中・高といった学校教育や生涯教育にも多文化教育の視点を位置付けていくべきであり、それが、いじめ、差別、セクハラ、犯罪行為などを未然に防ぎ、多文化共生の教育を効果的に進める一つの方法であることだ。

本書がその実践の一端を報告してきたように、世界の現実を学び、民族差別の歴史を学び、その痛みを共有することが、子ども達の正義感や向学心を喚起することになる。

対話力を重視した多文化教育は、マイノリティや特定の子ども達のためだけでなく、すべての子ども達にも、また大人達にも重要であり、かつ学力や知能を伸すことを可能にする教育である。日本にはすでに「多文化教育」を推進し、担っていける能力のある若者たちが大勢いる。これらの提案が、洞察力ある読者によって、対話の呼び水になり、論議を呼び起こしてくださることを期待してやまない。

【注】

(1) 法務省入国管理局『国際人流一五三号』四六頁、二〇〇〇年。
(2) 佐藤郡衛『共生の時代を生きる』放送大学、二〇〇〇年。
(3) 駒井洋、渡戸一郎編『自治体の外国人政策』明石書店。
(4) 川村千鶴子「多民族化する保育園の現状と多文化社会」『都市問題第八七巻第二号特集外国人と社会保障』東京市政調査会。
(5) 田村太郎「災害時における外国人の救済と課題」『同都市問題　八七巻』(財)東京市政調査会。

(6) 駒井洋、渡戸一郎、山脇啓造『超過滞在外国人と在留特別許可』明石書店。
(7) 『第三回移住労働者と連帯する全国フォーラム・東京'99報告集・Report ―移住労働者・家族と共に生きる社会をめざして―』(開催地実行委員会)。
(8) 坂中英徳『在日韓国・朝鮮人政策論の展開』日本加除出版。
(9) 異文化間教育学会二〇周年記念シンポジューム（上智大学）、二〇〇〇年五月。
(10) 『異文化間教育学会創立二〇周年記念』シンポジュームレジメ、二〇〇〇年五月。
(11) 「毎日新聞」特集ワイド『在日は自然消滅へ』一九九九年四月二日。

あとがき—人の「異なり」の科学—

二〇〇一年九月一一日、ニューヨークの世界貿易センターに旅客機二機、ワシントンのペンタゴン（国防総省）に一機が突入した。その後、ピッツバーグ郊外に一機が墜落した。このテロ攻撃によって、共生社会を支えてきた多くの民間人が犠牲となった。米国民の大多数が「報復」を支持しているという。

多文化・多民族共生を志向してきた世界中の善意の市民にとって、これほど衝撃的な事件はないだろう。そして、テロへの報復としてアフガニスタンが標的になることは、さらなる悪夢としか言いようがない。

多民族国家アメリカは、エスニックグループとの共存を国家原理として発展してきた。国内には約八〇〇万人のイスラム教徒が共に暮している。本書で既述したジェームス・バンクス教授の言説にあるように、周縁に追いやられるエスニックグループのエネルギーが、アメリカの民主主義を支え、国家に活力と文化的豊饒をもたらしてきた。イスラムを敵視するような愚かな国家ではないはずである。またアメリカは世界に平和部隊を送り貧しい国への援助を厭わない平和国家であり、新世界秩序を模索する主導的立場を維持してきた援助大国でもある。地球の未来のために今、われわれに何が求められているだろうか。

筆者は昨年、東京のシンポジュームでお目にかかったバンクス教授の演説を想い出している。人のアイデンティティの形成は次のようなプロセスを辿る。人は、内省的で健全な文化的アイデンティティをもって、はじめて内省的で健全な国家的アイデンティティをもち得るとしている。そして、内省的で健全な国家的アイデンティティをもち得た人のみが、はじめて地球的市民としてのアイデンティティを獲得できるとしている。

アメリカ人のみならず、地球六一億の民が、それぞれ内省的で健全な国家への帰属意識をもち、地球市民としての健全な帰属意識を培っていることが、「平和への鍵」である。そのプロセスを可能にするのが、勇気ある対話と平等な人権実現を指向する多文化教育であろう。「自由」と「民主主義」を基盤としてきた超大国の外交政策を内省する可能性はないのだろうか。

日本国内でも、衝撃的なテレビ画像を見ながら、「イスラム世界全体がテロに関係する恐ろしい集団」と言った印象を、社会全体や子どもたちに与えることがないように配慮する報道が必要である。学習の場を創造する教育環境は、歴史的経緯を踏まえ、背景を掘り下げ、地球の未来を展望する冷静な視点と努力が求められている。かつて湾岸戦争の最中、アラブ系の子ども達が、いじめの対象にならないようにオーストラリアの多文化教育の推進者たちは尽力した。憤怒と悲嘆の中にあって、多文化世界は、多文化教育を視座においた教育空間の創造と、冷静で長期的な視点をもつメディアを必要としている。

テロへの報復として世界中を巻き込んだ「戦争」をするのではなく、世界中が協働して平和を志向する「多文化教育」を実施することを提起したい。一八六ページを再読していただきたい。一億三千万人の子ども達が初等教育を受けられず、一億五千万人もの子ども達が、小学校を退学している。この一〇年間で紛争によって少なくとも二〇〇万人以上の子ども達が殺されている。子ども達に銃を持たして戦争に巻き込むことは、犯罪である。

負の連鎖を克服する叡智こそが、いま人類に求められている。

「平和を祈る」ということは、ただ単に神に祈りを捧げるということではなく、多元価値社会で、すべての人が平和的に共存するための、人の「異なり」の科学に挑むことである。もし、「敵」ということばを使うならば、貧困、非識字、暴力など、見捨てられた子ども達を取り巻く環境こそが、人類の「敵」ではないだろうか。文化相対主義を基盤とする「多文化教育」の推進は、「平和」への具体的な救いの途である。平和国家・日本が、世界に向けて何をなすべきか、日本人の一人ひとりが考えなければならない。

本書は人間の「異なり」の多様性に照射してきた。「差異の承認」に理解を示すための努力・教育・対話について述べてきた。われわれがもつべき最大の武器は、共存の道を拓く「創造する対話力」である。

文化的衝撃から生まれる葛藤や摩擦を回避せず、文化的差異を新しい環境創造に変える力が、「創造する対話力」である。葛藤に耐え、多様な他者と向き合い、積極的に相互作用に向かおうとする勇気が、求められている。

かつて筆者に対話力の重要性を教えてくれたのは、パキスタンで遭遇した難民の子ども達であった。飛行機のエンジントラブルのためにカラチに滞在した。ホテルの支配人が、ジープを運転して砂漠を見せてくれた。砂丘のうねりに見とれているといつの間にか背後には、大勢の難民の子ども達と大人たちが手を差し伸べて立っていた。足元を見下ろすと、骨に皮膚を纏ったような幼い子ども達の大きく深く窪んだ眼から、絶望と悲しみの視線がこぼれていた。差し出された小さな手、悲し気な親たちの表情、彼らの視線が矢のように突き刺さり、ことばを失った。無言のままで、その場をジープで立ち去ったことへの後ろめたさをいまでも忘れることができない。なぜ、その時、一言でも励ましの声をかけなかったのだろう。励ましのことばは何語でもよかったはずである。なぜ、その時、少年の手を握り締めてあげるだけの勇気がなかったのだろう。その後、私は「南」の人々の本を貪り読んだ。犬養道子氏の『人間の大地』を読んだ時、地球が生きた生命体のように感じた。

みずからの非力を省みず、「対話」への想いを一冊に綴ってきた。「創造する対話力」が、世界平和への対話の一助となれば、望外の喜びである。

多文化・多民族共生社会とは、多元的な価値の共存を前提する都市環境や地球環境であり、自分にとって「嫌いなタイプの人」が貴重な存在であり、「理解しがたい文化や宗教」が民主主義の思想と規範に反しないならば、共存の道を相互に模索することが必要なのである。その意味で、自己とは異なる条件をもつ他者、仲が悪い他者や過去に不利益をもたらした他者や集団を特別に配慮し大事にしなければならない。馴染みのない宗教を信仰する人々など、人生観や価値観が大きく「異なる」人々との異文化間接触に焦点をあわせ、政治力や経済力をもって同化圧力をかけることがないように、さらに文化変容を迫ることがないように配慮しなければならない。それが、多文化教育(Multicultural Education)の理念である。

二〇世紀のグローバル化がもたらした多元価値の時代に、多文化教育の視点が、学校教育だけでなく、家庭や企業やまちづくりの理念として最も重要視される理由がそこにある。本書では、多文化共生に関係する国家的な専門機関の設立を提案し、「多文化主義マーケティング」という企業や自治体の新しい視点を提唱した。それらは、二一世紀の生活の質的向上を目指した前向きな課題として、今後科学的実証研究が期待される。多文化教育は、文化相対主義の上にたち多文化主義社会を容認しながら異文化理解を超え、さらに困難なハードルをいくつも越えていくプロセスである。にもかかわらず、多文化教育が楽しいのは、多文化主義社会が同化主義のように削減的になるのではなく、付加的な人格や人生を創造する可能性を秘めているからである。

多文化教育の研究へ導いてくださったのは早稲田大学大学院の朝倉征夫教授だった。大東文化大学教授の中本博皓先生、明星大学教授の渡戸一郎先生、放送大学教授の江淵一公先生、東京学芸大学教授の佐藤郡衛先生、早稲田大学教育学部の新保敦子先生、大東文化大学環境創造学部教授の山本孝則先生から貴重な示唆をいただいた。幸運にもマーケティングは慶應義塾大学名誉教授の村田昭治先生、英語は同名誉教授の小林庸浩先生に師事し、ポリネシア研究では青柳まち子先生とヘレン・モートン氏（ラ・トローブ大学）からご教示をいただいた。日本出版クラブ専務理事の大橋祥宏氏、多文化教育研究所事務局長の渡辺幸倫氏、芦田順子氏、渡辺洋子氏、シドニー大学の高橋君江氏の友情に感謝の気持ちを伝えたい。多文化社会研究会グローバル・アウェアネス、異文化間教育学会、日本国際理解教育学会のみなさんに感謝したい。

本書の出版をご快諾くださった税務経理協会の大坪嘉春社長、丁寧な本の創造に尽力くださった編集部の佐藤光彦さんと木内鉄也さんにこころよりお礼を申し上げる。

最後にいつも元気で応援してくれる父母、義母と家族にも感謝の気持ちを伝えたい。卒寿を迎えた父はスケッチを通して人類愛への対話をして生きてきた。次のスケッチは父がネパールを訪づれた時に描いたもので、カトマンズの少年の笑顔に平和への願いが込められているような気がする。

小さなカヌーの航海を共にして下さった読者のみなさん！　どうもありがとう。ご感想やご意見を最後のページに書いてファックスでお寄せ下さい。多文化共生社会へ向けて新たな対話が始まることを願っています。

二〇〇一年九月二一日

川村千鶴子

あとがき

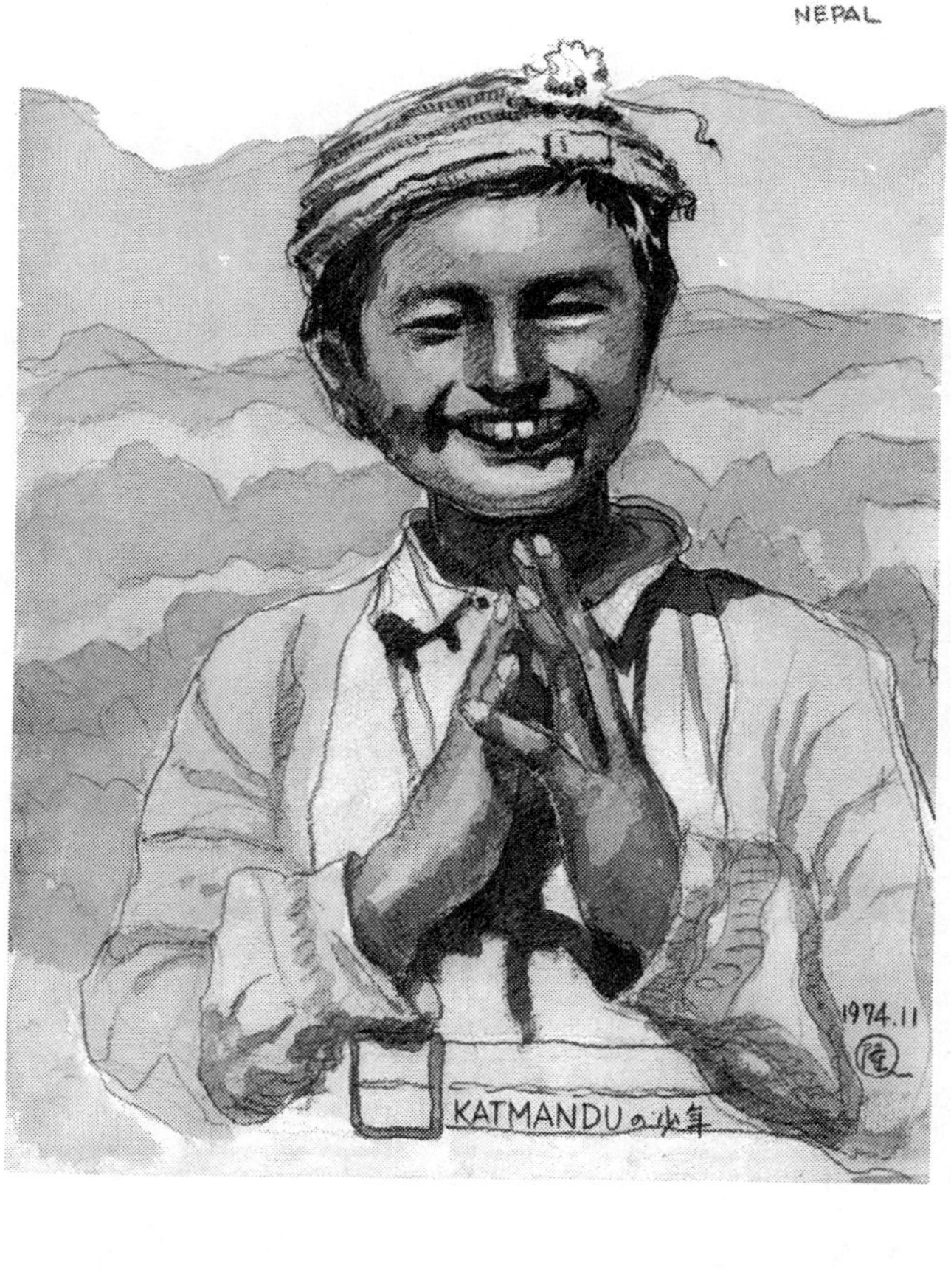
NEPAL
1974.11
KATMANDUの少年

主な参考文献

犬養道子『人間の大地』中央公論社、一九八三年。

朝倉征夫　パースペクティブス１『多文化教育』－一元的文化、価値から多様文化、価値の教育へ－　成文堂、一九九五年四月。

朝倉征夫・甲斐規雄『人間教育の探究』酒井書店・育英堂。

朝倉征夫『産業革新下の庶民教育』酒井書店。

朝倉征夫『産業の革新と生涯学習』酒井書店、一九九六年。

駒井洋監修、伊豫谷登士翁、杉原達編『日本社会と移民』明石書店、一九九六年七月。

駒井洋監修、駒井洋編『定住化する外国人』明石書店、一九九五年。

駒井洋監修、広田康生編『多文化主義と多文化教育』明石書店、一九九六年。

駒井洋監修、渡戸一郎編『自治体政策の展開とＮＧＯ』明石書店。

駒井洋、渡戸一郎編『自治体の外国人政策－内なる国際化への取り組み－』明石書店　川村千鶴子「新宿区－共生のマイナス面をプラスに変えるまちづくり」一九九七年五月。

Ｇ・ホフステード著、岩井紀子・岩井八郎訳『多文化世界－違いを学び共存への道を探る－』有斐閣、一九九五年。

中西晃、佐藤郡衛編著『外国人児童・生徒教育への取り組み』教育出版、一九九五年。

佐藤郡衛『新訂　国際化と教育－日本の異文化間教育を考える－』放送大学教育振興会。

佐藤郡衛『国際理解教育・多文化共生社会の学校づくり』明石書店、二〇〇〇年。

田渕五十生『在日韓国・朝鮮人理解の教育』明石書店、一九九一年。

汐見稔幸「学力『低下』問題と新たな学力形成の課題としての総合学習」『教育２、２０００』国土社
倉八順子『こころとことばのコミュニケーション』明石書店。

江淵一公編著『トランスカルチュラリズムの研究』明石書店。

江淵一公『文化人類学』放送大学教育振興会、二〇〇〇年三月。

江淵一公・酒井豊子・森谷正規編著『共生の時代を生きる－転換期の人間と生活－』放送大学教育振興会。

坂中英徳『日本の外国人政策の構想』日本加除出版、二〇〇一年。

李節子編著『在日外国人の母子保健－日本に生きる世界の母と子－』医学書院。

喰代栄一『地球は心をもっている』日本教文社。

『新宿区生活便利帳 Making the most of your life in Shinjuku』新宿区。

田中宏『在日外国人』岩波新書、一九九一年。

まち居住研究会（稲葉佳子、塩路安紀子、松井晴子、小菅寿美子）一九九四年『外国人居住と変貌する街－まちづくりの新たな課題－』学芸出版社。

東京都新宿区総務部平和・国際交流等担当編『外国人相談の実績－平成3年度～平成5年度』一九九五年二月。

ヘルプネットワークニュース「女性の家ＨＥＬＰ」日本キリスト教婦人矯風会女性の家ＨＥＬＰ発行、一九九三年～一九九六年。

Thomas Armstrong“Multiple Intelligences In The Classroom”ASCD,Association for Supervision and Curriculum Development.

Helen Morton,Becoming Tongan–An Ethnography of Childhood,University of Hawaii Press.

David Bennett“Multicultural States–Rethinking Difference and Identity”Routlege.

Gardner,H.1983.Frames of Mind:The Theory of Multiple Intelligences. New York:Basic Books.

ロバート・J・スターンバーグ著松村暢隆・比留間太白訳『思考スタイル－能力を生かすもの－』新曜社。

青柳まち子『トンガの文化と社会』三一書房、一九九一年。

斉藤達雄「太平洋国家として－そして反核の推進国として」青柳まち子編著『もっと知りたいニュージーランド』弘文堂。

青柳まち子『子育ての人類学』河出書房、一九八七年。

レスリー・M・ビービ編 島岡丘監修『第二言語習得の研究』(迎城祐司、佐久間康之訳)、大修館書店、一九九八年七月。

三浦信孝編『多言語主義とは何か』藤原書店、一九九七年五月。

コリン・ベーカー著『バイリンガル教育と第二言語習得』(岡秀夫訳・編)、大修館書店、一九九六年。

野山広「多文化主義に支えられた地域社会の未来」、川村千鶴子編著『多民族共生の街・新宿の底力』、明石書店、一九九八年、所収。

遠藤辰雄『アイデンティティの心理学』ナカニシヤ出版、一九八一年。

石井米雄・山内昌之編『日本人と多文化主義』山川出版社。

中島智子編著『多文化教育－多様性のための教育学－』明石書店、一九九八年。

ジェームズ・A・バンクス『多文化教育－新しい時代の学校づくり－』サイマル出版。

関根政美『多文化主義社会の到来』朝日選書、二〇〇〇年。

手塚和彰『外国人と法』有斐閣、一九九六年。

宮島喬、梶田孝道編著『外国人労働者から市民へ』有斐閣、一九九六年。

東京都新宿区総務部平和・国際交流等担当発行、一九九三年四月『新宿区の国際化に向けた施策体系整備に伴う調査研究報告書』調査研究・㈱社会工学研究所。

山本孝則『人間環境創造宣言』丸善、二〇〇一年。

川村千鶴子「地域にねざす開発教育」『開発教育二十一世紀の教育を考える』開発教育協議会、一九九二年。

川村千鶴子「国際化する保育園の現状と多文化教育の必要性」『外国人労働者問題と多文化教育－多民族共生時代の教育課題－』藤原孝章編著、明石書店、一九九五年。

川村千鶴子「新宿区－共生のマイナス面をプラスに変えるまちづくり」『自治体の外国人政策－内なる国際化への取り組み』明石書店、一九九七年。

川村千鶴子「多文化共生社会の実現に向けて」『多文化共生社会の探究－外国人と法』多文化社会研究会、グローバルアウェアネス、二〇〇〇年。

川村千鶴子「多文化主義社会の胎動」『筑紫哲也の現代日本学原論－外国人－』岩波書店、二〇〇一年。

川村千鶴子「創造する対話力の育成」『人材教育　特集グローバル社員の条件』日本能率協会マネージメントセンター、二〇〇一年。

川村千鶴子編著『多民族共生の街・新宿の底力』明石書店、一九九八年。

川村千鶴子「在日トンガ人と比べた群馬県大泉町と東京新宿区の国際化」『国際人流一一二号』㈶入管協会、一九九六年九号。

川村千鶴子「多民族化する保育園の現状と多文化社会」『都市問題――特集外国人の社会保障－ニューカマーを中心として－』㈶東京市政調査会、一九九六年二月号。

川村千鶴子「新宿における国際理解教育の実践と住民の意識変化」『国際理解二五号』国際理解教育研究所、一九九三年。

川村千鶴子、タニーダ・ワジャラタナ、麦倉哲「新規来日外国人の生活拠点の形成と展開－新宿大久保・百人町地区の地域研究から－」日本科学協会の研究報告書、一九九六年。

川村千鶴子「北マリアナの移民の子どもと原住民の子どもの言語習得－ガラパン小学校の多言語教育からの考察」『ミクロネシア』通巻一〇九号（社団法人）日本ミクロネシア協会、一九九八年。

【は】

バイリンガリズム（bilingualism）……156
バイリンガル（bilingual）……161
悲嘆のプロセス（grief process）……189

【ひ】

ヒバクシャ（HIBAKUSHA）……182

【ふ】

ファシリテイター（facilitator）……9, 70
フィールドワーク……75, 76
フィランソロピー……81
文化（culture）……4
文化相対主義（cultural relativism）……30, 58
文化変容（アカルチュレーション；acculturation）……118

【ほ】

母語（mother tongue）……31, 32
母語保持……85
母子健康手帳（Mather and Child Health Handbook）……24
母子保険法……38

【ま】

マイノリティ（minority）……45
マジョリティ（majority）……45
マルティカルチュラリズム（Multiculturalism）……120
マルティプル・ペアレンティング（multiple parenting）……150

【む】

無国籍……37

【も】

モノリンガル（monolingual）……161
モノローグ（monologue）……71

【り】

リソースパーソン（resource person）……71

【ろ】

論理・数学的知能（Logical－Mathematical intelligence）……138

【せ】

生徒中心の授業（student−centered）……142
政府開発援助（ODA；Official Development Assistance）……65
世界人権宣言……38
世界的視点（global perspective）……69
世帯（household）……16
セルフ・エステーム（self−esteem）……187

【そ】

相互依存関係（interdependence）……69
相互依存性（interdependency）……33
創造する対話力（The Power of Creative Dialogue）……125

【た】

ダイアッド（dyad）……151
対人関係の知能（Interpersonal Intelligence）……138, 144
態度（attitude）……56
対話（dialogue）……5
多重知能理論（theory of multiple intelligences, MI）……138
多文化・多民族共生社会……101
多文化教育（multicultural education）……31, 109
多文化共生社会（living together in multicultural society, multicultural society of cooperative co−existence）……87, 109
多文化主義（Multiculturalism）……87
多文化主義的マーケティング……81
多文化的市民資質（Multicultural Citizenship）……128, 201
多様性（diversity）……27

【て】

電子メール……69

【と】

同化（assimilation）……32, 118
トランスカルチュラリズム（transculturalism）……iii, 117
トランスナショナリズム（transnationalism；transnationalization）……116, 117

【に】

二言語共有説（linguistic interdependence）……161
ニューカマー（new comer）106
認知・学習言語能力（CALP；Cognitive/Academic Language Proficiency）…162

【く】

空間を読む能力（Spatial Intelligence）……2, 138

【け】

言語的知能（Linguistic Intelligence）……138

【こ】

高齢社会（aged soiety）……189
コード切り替え（codeswitching）……153, 157
国際化（international；internationalization）……117
国際協力事業団（JICA；Japan International Cooperation Agency）……65
国際人権規約（国際規約）……38, 58
国籍（nationality）……45
国民国家（Nation States）……34
子どもの権利条約……37, 58, 196
コミュニティ（community）……105
コンピュータ（computer）……7

【さ】

最善の利益（the best interest）……32

【し】

敷居理論（threshold hypothesis）……163
自己受容（self−acceptance）……187
自尊心（self−respect）……187
児童福祉法……38
自分自身の成長（development）……58
死への準備教育（death education）……188
自民族中心主義（ethnocentrism）……58
指紋押捺拒否……82
社会的起業家精神（social enterpreneur）……209
周縁人（peripheral person）……118
自律と内省の知能（Intrapersonal Intelligence）……138, 144
Think Globally, Act Locally……186
人権（human rights）……20
身体・運動的知能（Bodily−Kinaesthetic Intelligence）……138

【す】

ステレオタイプ（stereotype）……45, 73

索　引

【あ】

アイデンティティ（Identity）……21, 31

【い】

移動する人々（transnational migrants）……116
異文化間リテラシー（intercultural literacy）……41
移民（immigrant, emigrant, migrant）……112, 117
インターデシプリナリー（interdisciplinary：学際的な）……6

【う】

ウイメンズ・クライシス・センター（Fiji Women's Crisis Center）……185

【え】

エスニシティ（ethnicity）……45
NGO；non−governmental organization……67, 68, 84
NPO；non−profit organization……68

【お】

オールドカマー（old comer）……106
音楽的知能（Musical Intelligence）……138

【か】

外国人登録数……83
開発教育（development education）……58
学習方法（learning style）……142
環境創造学（Social−Human Environmentology）……177

【き】

起業家精神（enterpreneur）……5
帰国児童の言語能力保持……85
気づき愛（Awareness）……58
基本的対人伝達能力（BICS；Basic Interpersonal Communicative Skills）……162
境界人（marginal person）……118
教師中心の授業（teacher−centered）……142
恐怖（fear）……56
共有部分（cross−lingual dimension）……161

ＦＡＸ送信

（宛先　㈱税務経理協会書籍編集部
ＦＡＸ　03－3565－3391）

読者と筆者を結ぶ『創造する対話力』

読者のみなさん，本書を読んで何を感じましたか？
筆者へのご感想をＦＡＸでお送り下さい。
用紙を拡大コピーしてご利用されると便利です。

本書を何でお知りになりましたか？

1　新聞広告　　2　雑誌　　3　ホームページ
4　書店　　5　講習会　　6　知人　　7　その他（　　　　）

お名前《ふりがな》	年　齢	性　別
	歳	男・女
ご住所　〒	TEL	
	FAX	
	E-Mail	

キリトリ線

<著 者 紹 介>

川村　千鶴子（かわむら　ちづこ）

大東文化大学環境創造学部助教授

略　　歴：慶応女子高から慶応義塾大学商学部卒，オハイオ州立大学短期留学（経営学・マーケティング専攻）の後，英国航空勤務，国際交流コンサルタント，多文化教育研究所長を経て現職。トンガ研究会会員。

主な著書：『多民族共生の街・新宿の底力』（編著／明石書店）
『外国人をホームステイさせる本』（単著／中経出版）
『外国人労働者問題と多文化教育』（共著／明石書店）
『自治体の外国人政策』（共著／明石書店）
『都市問題一特集 外国人と社会保障一』（分担執筆／財・東京市政調査会）
『国際理解教育論選集Ⅱ』（共著／創友社）
『筑紫哲也の現代日本学原論－外国人－』（分担執筆／岩波書店）

著者との契約により検印省略

平成13年４月15日　初 版 発 行
平成13年11月１日　初版第２刷発行

創造する対話力
－多文化共生社会の航海術－

著　　者　川　村　千 鶴 子
発 行 者　大　坪　嘉　春
製 版 所　税経印刷株式会社
印 刷 所　税経印刷株式会社
製 本 所　株式会社 三森製本所

発行所　〒161-0033 東京都新宿区下落合２丁目５番13号
株式会社 税務経理協会
振替　00190-2-187408
電話(03)3953-3301(編集部)
FAX(03)3565-3391
(03)3953-3325(営業部)
URL　http://www.zeikei.co.jp/
乱丁・落丁の場合は，お取り替えいたします。

ISBN4-419-03757-1　C1037